践行联合国教科文"家庭学习项目"理念

MCEP 中国梦·百万世纪精英工程郑重推荐

让小学时光
成为每个人的一段
美好回忆

助力父母和孩子
构建
"求知一生命"共同体

做孩子崇拜的父母

赵绥儒 著

天津社会科学院出版社

图书在版编目（CIP）数据

做孩子崇拜的父母／赵绥儒著. --天津：天津社
会科学院出版社，2018. 12
　ISBN 978-7-5563-0521-6

　Ⅰ.①做…　Ⅱ.①赵…　Ⅲ.①小学生－家庭教育
Ⅳ.①G782

中国版本图书馆 CIP 数据核字（2018）第 270814 号

做孩子崇拜的父母
ZUO HAIZI CHONGBAI DE FUMU

出 版 发 行：天津社会科学院出版社
出　版　人：张博
地　　　址：天津市南开区迎水道 7 号
邮　　　编：300191
电话/传真：(022) 23360165（总编室）
　　　　　　(022) 23075303（发行科）
网　　　址：www. tass-tj. org. cn
印　　　刷：北京建宏印刷有限公司

开　　本：889×1194 毫米　1/32
印　　张：7. 5
字　　数：166 千字
版　　次：2018 年 12 月第 1 版　2018 年 12 月第 1 次印刷
定　　价：58. 00 元

序

    天下父母,莫不一心。"望子成龙,望女成凤"已然是天下家长的共同心愿。

    一个新生命从孕育到呱呱坠地的那一刻起,许多家长都曾畅想过孩子未来长大成人的生动画面,都希望自己的孩子成为身体健康,聪明智慧,不仅能自食其力,而且是一名对家庭负责,对国家可以做出积极贡献的人。

    无论是挺着肚子的准妈妈还是孩子已经上了大学的爸爸,都期望自己的孩子可以更好。这份父母对孩子的殷殷期待,不仅寄托着家长的殷殷亲情,更表达了他们培育孩子的决心。为了让孩子成长得更好,就一定要想尽办法给孩子最好的教育,父母乃至祖辈都不惜重金和精力,想当然地做出各种努力和付出,幼儿园、学校要左挑右选,班级甚至座位也要精挑细选,所有的目的就是为给孩子找一个优质教育环境。因为怕输在起跑线上,纷纷为孩子报各种兴趣班、特长班,希望孩子能有多技之长,可以在人海中脱颖而出。

可惜，家长付出那么多，往往得非所愿。更令人遗憾的是，许多父母饱尝了许多失望和沮丧后，收获的更多是来自孩子的冷漠和对抗。

于是，他们四处求教。从他们焦虑渴望的眼神里，我看到了与全天下父母一样的良苦用心。可惜，不是所有的问题都可以得到期待中的解决。对于那些年龄越大的孩子，我就愈发觉得力有不逮。家庭教育有自己的黄金期，错过了这个时间，以后得花大把功夫来弥补，也不一定能得偿所愿。所以，小学阶段作为家庭教育的黄金期，是所有"有想法"的家长朋友要特别关注的阶段。可是，家长却遇到了来自孩子那个世界的抵抗，这是为什么？

曾经有一个面向孩子的调查，问题很有趣："谁是你最崇拜的人？"对这个问题的回答却很耐人寻味。即：美国和日本的孩子把父母当作偶像的比较多，而中国的孩子却很少如此。

当孩子出生，父母就开始着急，而当孩子上了小学，家长就更着急。父母对孩子的爱那么浓烈炙热，可孩子并不买账！看到许多孩子顽劣不乖，有拒绝甚至怒斥父母的表现，这些其实并不是来自孩子童真的淘气和无邪的调皮，它们更多是源于对父母善意的漠视和人格的不尊。

为什么会是这样的结果？原因可能会有很多，但有一个事实无法回避：我们的很多家长真的不合格！

当孩子开始踏入小学的大门，这不仅是每个人生命中特别重要的时光，它也是人生的第二个关键期。同样，家长也是第一次感受小学阶段对家庭教育的考验。到底该如何做家长，如何指导孩子，对于许多家长来说，都是一次新的考验。如果让我给各位家长一个培养孩子的建议，那就是：你必须做一名合格的父母。

在今天，由于诸多原因带来的教育弊端很多，比如无法选择学区，也无法选择学校，无法选择教材和老师，甚至面对来自现实的不公平，像排座位、任命班干部等许多平常而又并不简单的事情都无法选择，我们可以表示也可以不表示愤怒，但这不意味着我们无可奈何。

小学，作为儿童进入学校成为学生的第一个阶段，是学习品质和生活习惯形成的关键时期。近年来，随着家长的教育认识不断提高，对学生身心的健康发展有了越来越多的重视。但是，由于错误的竞争意识不断飙升，不仅孩子们的课业负担和心理压力愈发沉重，家长的各种问题也是层出不穷。

于是，现实的困局在无情地纠结着家长和孩子，也在不断地影响着孩子的健康成长。为此，家长只有在科学的教育理念和合理的方法指导下，才能更好地帮助孩子学习习惯和生活品行的养成，才能为孩子的健康体魄和成功人格打下良好基础。

做一名合格的小学生父母是多么重要的事情啊，又是多么及时的事情！那么如何成为一名合格的小学生家长？我的建议是：以健康、快乐、科学为教育宗旨。

健康是基础。小学阶段是生命个体生长发育最为旺盛的阶段，也是健康素质发展最为关键的阶段。近年来，随着生活水平的提高和生活品质的改善，一些不良的生活方式引起的疾病也逐渐增加，小学生肥胖症越来越多。同时，也存在许多不良的生活习惯，如不吃早餐、不按时吃饭、暴饮暴食、盲目节食等等，潜在地危害孩子的身体素质。当然，健康不仅仅指身体方面，还包括心理方面。现在的小学生由于时代进步的需要，周末和假期已经淹没在各种兴趣班和爱好班中，玩耍的时间屈指可数。家长在进行家庭教育时,既要让孩子吃好喝好,还要玩好学好,兼顾身体健康和心理健康的双重目标。

快乐是前提。"快乐的学习是登上智慧之峰的云梯!"19世纪欧洲著名的法学家小卡尔·威特在《卡尔·威特的教育·续篇》中着重阐述了快乐对小学生学习文化知识的意义,"人都是喜欢随着自己的本性做事的,只要是自己愿意做的事,无论其中有多么大的困难都不会成为障碍。"鉴于小学生爱玩耍的天性,快乐是孩子最大的需求,是推动他们探索未知世界的巨大动力,是刺激他们学习科学知识的重要法宝。家长在进行家庭教育时,只有努力想办法让孩子感受到快乐,才能激发孩子的自觉性和主动性,才能更好地推动孩子快速成长。

科学是准则。今时已不同往日,家庭教育的重要性在当今时代凸显得愈加重要。而家庭教育并不是盲目的、随意的,它是具有一定的科学规律和方法的。家长在进行家庭教育时,只有深刻理解孩子不同阶段的身心特点,有效掌握符合自己孩子发展的指导方法,才能取得事半功倍的效果。科学的家庭教育,不仅能激发孩子探索未知的积极主动性,提高创新能力,也能提升孩子的学习品质和生活品质,成为品学兼优的好学生。

因此,家长在进行家庭教育时,应遵循"健康为基础,快乐为前提,科学为准则"的宗旨,将先进的教育理念和指导方法融会贯通于实际行动中,才能培育出符合时代发展的人才,才能成为孩子崇拜的新时代父母。

为此,特别提倡家长应该加强自身的学习,与孩子共同学习成长,让孩子感受到和父母在一起学习玩耍的乐趣,从而促使孩子更加积极地健康成长,提高我们孩子面对风险的抗挫意识和解决问题的能力。

你若强大,整个世界都为你让路。

目　录

绪论　做一名合格的小学生家长……………………………………（001）

第一章　学习篇……………………………………………………（006）

第一节　磨蹭…………………………………………………（007）

一、问题阐述……………………………………………（008）

二、原因剖析……………………………………………（012）

三、解决对策……………………………………………（020）

第二节　走神儿………………………………………………（022）

一、问题阐述……………………………………………（022）

二、原因剖析……………………………………………（023）

三、解决对策……………………………………………（025）

第三节　粗心…………………………………………………（039）

一、问题阐述……………………………………………（039）

二、原因剖析 …………………………………… (040)

三、解决对策 …………………………………… (043)

第二章　品质篇 ………………………………………… (050)

第一节　撒谎 …………………………………………… (051)

一、问题阐述 …………………………………… (051)

二、原因剖析 …………………………………… (055)

三、解决对策 …………………………………… (058)

第二节　自私 …………………………………………… (059)

一、问题阐述 …………………………………… (059)

二、原因剖析 …………………………………… (061)

三、解决对策 …………………………………… (062)

第三节　马虎 …………………………………………… (064)

一、问题阐述 …………………………………… (064)

二、原因剖析 …………………………………… (064)

三、解决对策 …………………………………… (066)

第三章　生理篇 ………………………………………… (069)

第一节　饮食 …………………………………………… (070)

一、问题阐述 …………………………………… (070)

二、原因剖析 …………………………………… (073)

三、解决对策 …………………………………… (073)

第二节　睡眠 …………………………………………… (075)

一、问题阐述 …………………………………… (075)

二、原因剖析 …………………………………… (077)

三、解决对策 ……………………………… (077)

第三节 活动 ………………………………… (080)

一、问题阐述 ……………………………… (080)

二、原因剖析 ……………………………… (081)

三、解决对策 ……………………………… (084)

第四章 个性篇 ………………………………… (086)

第一节 自卑 ………………………………… (089)

一、问题阐述 ……………………………… (089)

二、原因剖析 ……………………………… (090)

三、解决对策 ……………………………… (092)

第二节 怯懦 ………………………………… (096)

一、问题阐述 ……………………………… (096)

二、原因剖析 ……………………………… (098)

三、解决对策 ……………………………… (099)

第三节 脆弱 ………………………………… (101)

一、问题阐述 ……………………………… (101)

二、原因剖析 ……………………………… (102)

三、解决对策 ……………………………… (103)

第五章 智力篇 ………………………………… (108)

第一节 记忆力 ……………………………… (109)

一、问题阐述 ……………………………… (109)

二、原因剖析 ……………………………… (110)

三、解决对策 ……………………………… (111)

第二节　观察力 ································ （114）

一、问题阐述 ································ （114）

二、原因剖析 ································ （115）

三、解决对策 ································ （116）

第三节　逻辑推理能力 ························ （117）

一、问题阐述 ································ （117）

二、原因剖析 ································ （118）

三、解决对策 ································ （120）

第六章　交际篇 ······························ （123）

第一节　同伴关系 ···························· （124）

一、问题阐述 ································ （124）

二、原因剖析 ································ （125）

三、解决对策 ································ （129）

第二节　师生关系 ···························· （132）

一、问题阐述 ································ （132）

二、原因剖析 ································ （133）

三、解决对策 ································ （136）

第三节　亲子关系 ···························· （138）

一、问题阐述 ································ （138）

二、原因剖析 ································ （139）

三、解决对策 ································ （141）

附录 相关知识 ·· （145）

第一节　学生特点 ·· （145）

一、小学生的生理特点 ·································· （146）

二、小学生的心理特点 ·································· （148）

第二节　课程标准 ·· （159）

一、全日制义务教育语文课程标准 ·············· （159）

二、全日制义务教育数学课程标准 ·············· （166）

三、全日制义务教育英语课程标准 ·············· （170）

四、全日制义务教育科学课程标准 ·············· （175）

五、全日制义务教育美术课程标准 ·············· （177）

六、全日制义务教育体育与健康课程标准 ······ （179）

第三节　对比启示 ·· （182）

一、中美家庭教育的对比 ··························· （182）

二、城乡家庭教育的对比 ··························· （190）

第四节　双赢理念 ·· （193）

一、导言 ··· （193）

二、双赢教育 ·· （197）

三、通过双赢教育做法实现创新 ·············· （200）

四、应采取的一些步骤 ····························· （208）

五、结论:双赢教育与素质教育 ·················· （215）

后　记 ·· （222）

绪论　做一名合格的小学生家长

　　在 18 世纪的北美有这样两个家族：一个是神学家、哲学家爱德华兹的家族，另一个是以高犯罪率著称的马克·尤克斯家族。这两个家族处于同一时代，但由于家庭教育方式的不一样，后代的发展表现出了极大差异。爱德华兹家族共 1394 人，其中有 100 位是大学教授，14 位是大学校长，70 位是律师，30 位法官，60 位医生，60 位作家，300 位牧师、神学家，3位议员，1 位副总统；马克·尤克斯家族共 903 人，其中有 310 位是流氓，130 位是坐牢 13 年以上，7 位是杀人犯，100 位是酒徒，60 位是小偷，190位是妓女，20 名是商人，其中有 10 名是在监狱学会经商的。

　　为什么两大家族有这么大的差别？

　　对比发现：爱德华兹家族将对家族的信仰作为家规传承下去，而马克·尤克斯家族缺乏家规，子女对家族没有信仰和敬畏。这一点正是两大家族悬殊的关键之所在。这历经百年的两个家族的悬殊，让我们深刻感受到信仰、家规对于一个家族的重要性！换言之，其背后的家庭文化和家庭教育对孩子成长起到了不可替换的重要性!

反观中国家庭教育的现状,不难发现:虽然家长对于孩子的家庭教育百般重视,却仍是问题百出!为什么会这样呢?

据调查,当今小学生的家长,很多人受教育程度不高,尤其很少有人学过教育学、儿童心理学等相关专业知识。相关研究也有表明:"95%的家长没看过心理学方面的书,72%的家长没有看过教育方面的书。"这样一来,家长在小学生家庭教育方面就会普遍存在认识不科学、准备不充分、方法不恰当等各种问题;而这些问题恰恰正是家长在小学生家庭教育过程中产生一系列问题的诱因。不科学的认识是家庭教育中问题产生的"源"因。

以我们生活中常见的补课问题为例。许多中国家长对孩子成绩不理想的第一反应就是——"补课"!据有关统计表明,73%的家长和孩子发现一个遗憾的感受:虽然花费了大量精力和财力去补习,但并没有明显的改善或进步!那么,为什么还有那么多家长在面对孩子不理想的学习成绩时,第一反应往往是补课?因为他们普遍认为补课可以提高成绩,或者他们别无选择,唯有补课。很多家长认为孩子学习成绩不理想的原因就是"没学好",可是,有多少家长对孩子的"没学好"有正确的认识,然后可以根据此对症下药?所以,大多家长将其统统归结为孩子需要补课!那么,为什么补课没有效果呢?因为他们对补课的作用,以及对孩子学习成绩不理想的原因都缺乏正确的认识,即现有的认识是不科学的,甚至是错误的。

还有很多家长因为孩子反映"记不住",所以成绩不理想,为此倍感着急烦恼,于是一看到那些"最强大脑"做超级记忆训练的课程,就非常踊跃地花费天价报班,可惜,最后的结果往往并不理想! 为什么会这样呢? 因为家长单纯地认为是孩子记忆力有问题,却没有认识到记忆是讲究方法、技巧的,而且不同阶段对应不同的方法! 方法不对,事倍功半,甚至都是徒劳;方法对了,事半功倍,甚至毫不费力!

"补课""最强大脑",可以说是由于对教育认识不到位而产生的盲目、盲从现象的典型。由此,我们也不难体会到:提高认识,是做好家庭教育的第一步;只有提高认识,才有可能获得有效能的教育!

因此,作为小学生的家长,想要做好家庭教育,助力孩子成长与成才,不仅要对孩子的身心有科学的了解、认识,还有对孩子在生活和学习中常见的一些问题有充分的、科学的认知,才能对家庭教育过程中出现的问题对症下药,科学应对,完美解决,且不走弯路。

首先,我们要厘清小学生家庭教育的本质是什么。如果连基本的目标和宗旨都不确认,那么很容易迷失。这个阶段的教育本质就是塑造健康人格、获得基本知识、培养创新品质。

因此,小学生家庭教育的关键在于个性和思维的成长,而不只是知识的获得。家长必须要明白,小学的每门功课,将来进入大学后都是一门专门的学问;小学阶段的学习,是为今后学习奠定基础的阶段,而更多的知识是来自于大学以后的学习;故在小学阶段,学会学习比什么都重要。正如法国数学家苗卡尔所说,"什么知识最有用,有关方法的最有用。"所以,小学阶段是培养思维品质、激发学习兴趣的关键时期。

对于小学生来说,家庭教育中最关键的任务之一是给孩子传授有效学习的方法和技能,培养孩子学会学习的思维与能力。只有如此,学生的创新精神和品质才会有更大的可能性获得发展。

其次,我们要深刻反思自己的不足。对自己的问题进行及时的发现和批判。目前中国小学生阶段家长、学生和家庭普遍存在四大问题,分别是家长焦虑综合征、品格缺失综合征、学习失恰综合征和家庭错乱综合征。

家长焦虑综合征,指现代家长在教育过程中出现的不安、焦虑、恐惧等表现。今天的中国家长,普遍重视对孩子的教育与培养,于是,有了无数不计代价的牺牲与付出。"因为无知而盲目,因为恐惧而盲从。"由于缺乏科学的理论、有效的方法。所以,导致盲目的投入,总也无法满足最初的希望。为此,很容易滋生盲从的心理,于是,有了无数不计代价的攀比。焦急、焦虑、郁闷已经成为今天中国家长普遍的"典型气质"。而这种典型气质就是"家长焦虑综合征"的集中表现。其主要症状有:对孩子过度关注;对孩子的教育方法和方式往往会习惯性从众;热衷各种补课辅导班以及对孩子的智力进行过早开发等。而家长焦虑综合征产生的原因主要有两方面,一方面是在社会竞争愈演愈烈的大背景下,家长不想让孩子输在起跑线上的心态以及相互攀比的心理也愈演愈烈;另一方面,也是主要的原因,就是由于家长缺乏家庭教育方面的知识的学习,使得家庭教育的实践缺乏理论的指导。

品格缺失综合征,指现代学生在日常生活中表现出的单个或系列的人格、思想、精神等方面的不足之处。如,沉迷、自我、焦躁等;其主要症状有:沉溺于游戏、手机、电视、网络,以自我为中心、唯我独尊、脾气大、容易激动、爱抱怨、心烦意乱、拜金、浪费等。而品格缺失综合征产生的主要原因是家长往往只关注孩子学习成绩的获得,总是忽视孩子品格塑造的重要性与必要性。

学习失恰综合征，指现代学生在学习过程中出现单个或一系列的、低效、不规范的学习行为的症候群；其主要症状有：磨蹭拖沓、粗心马虎、走神儿浮躁等。例如，做作业时，经常被手机分散注意力；经常遗失物品，如铅笔、书、玩具等；上课走神儿，问他老师讲过什么，支支吾吾答不上来，等等。而学习综合征产生的主要原因是孩子对学习概念和学习方法缺乏认识，特别是学习目标、时间管理、信息处理等方面的正确认识和系统训练。这与家长或教师对学习策略缺乏足够的意识和方法有很大关系。

家庭错乱综合征，指现代家庭内部缺乏和谐，成员之间对立冲突、家庭环境混乱无序等一系列症候群。其主要症状有：孩子不听话、夫妻间矛盾不断、亲子间关系僵化、婆媳关系不和等现象。而家庭错乱综合征产生的主要原因就在于家庭契约文化以及家庭秩序的缺失。

上述家庭教育四大综合征，可以说是贯穿当代家庭教育始终的主要问题。本书就家庭教育四大综合征在小学生家庭教育中的常见表现及典型问题，尽可能地做出详尽的分析和对策。

谨以此书，献给各位小学生家长，以及致力于家庭教育学习与研究的各界人士！同进共勉。由于受本人水平局限，本书在撰写过程中，难免有不足之处，恳请各位读者批评指正。

第一章 学习篇

我们经常会听到家长抱怨,孩子做作业或做事情总是磨磨蹭蹭的,一点儿也不自觉;上课不认真听讲,总走神儿;学习上更是粗心大意,丢三落四等等,诸如此类的问题,举不胜举。有些家长对此非常重视,但也有些家长认为,这不过是小事一桩,不必大惊小怪。其实,这些看似不大不小的问题,其原因和后果却是不可小觑的。如果不及时解决,很可能对孩子今后的学习生活和个人成长造成危害。这些都是"学习失恰综合征"的症状表现。

所谓学习失恰综合征,就是指孩子在学习过程中出现单个或一系列的、低效、不规范的学习行为的症候群;磨蹭拖沓、粗心马虎、走神儿浮躁等是其主要症状。而学习失恰综合征产生的主要原因是孩子对学习概念和学习方法缺乏认识,特别是学习目标、时间管理、信息处理等方面的正确认识和系统训练。

那么,孩子为什么会出现磨蹭、粗心、走神儿等症状呢?真的是因为孩子不认真、不积极吗？对此，应该怎么解决呢？本章我们将对这三个问题依次做出阐述。

第一节　磨蹭

茜茜上小学二年级，平时做什么事情都不在状态，让大人发愁。早晨起床，妈妈叫了一遍又一遍，她不是没有起来，只是赖在床上翻翻这个摸摸那个。妈妈催促了一遍又一遍，她总是不耐烦地说："知道了，别催了！我正在穿袜子呢！"好不容易开始洗脸了，她又在水盆里玩起了手。直到妈妈生气地数落她时，她才极不耐烦地抹一把脸应付了事。站到镜子前，她又开始因为梳什么发型而摆弄个没完没了。这时，妈妈爸爸都开始着急了，眼看着又要迟到了，可小家伙还在那儿不紧不慢地对着镜子轻拢青丝。不得已，妈妈只好又使出了撒手锏，"梳头超过5分钟的话，本周末就把头发剪短了！"。类似的情景几乎天天早晨都会发生，而孩子往往每天早晨都会哭着鼻子离开家门上学去。为此，茜茜的爸妈很是烦恼。这个孩子怎么就那么磨蹭呢？为什么就没有一点时间观念呢？

在学校，老师反映茜茜动作不算慢，即便有时稍慢些，也是因为她比别人写得更认真。但晚上回家写作业时"磨蹭"这个"老朋友"又来了。

由于茜茜做作业总是分心，妈妈尝试着跟茜茜讲条件："你用40分钟完成作业，周末我就和你睡觉（平时都是茜茜一个人睡觉，但孩子渴望和妈妈一起睡觉。）！"茜茜欣然同意。但做起作业来，茜茜很快就忘记刚才的条件，于是时间很快就过去了，茜茜的奖励也没了。就这样，每天晚上因为写作业，时间总会拖到10点或11点钟，严重影响了睡眠，妈妈爸爸都会和茜茜着急、生气。往往是一阵狂风暴雨般的训斥后，孩子"忍辱负重"地完成那点儿让她恨之入骨的作业后，经常是眼角挂着泪珠入睡，睡眠质量可想而知。每当此时，妈妈都会很心痛地看着已经入睡的女儿后悔不已。正所谓"愤怒以愚蠢开始，以后悔告终。"毕达哥拉斯这句名言为我们揭示了每一位发怒后父母的心态。

所以，久而久之，让这位妈妈担心的事情发生了，孩子不仅磨蹭，而且最近竟然表现出厌学的倾向。小小年纪就开始厌学了，这还了得！原来偶然有一天，孩子对妈妈说："妈妈，我好想像姥爷一样。""为什么？"妈妈好奇地问。"因为如果我是姥爷，就可以退休在家每天不用写作业，可以天天看电视了！"孩子的回答令妈妈很吃惊。原来学习对孩子来说已成为负担，甚至是噩梦。

一、问题阐述

为什么很多家长反映孩子不喜欢学习，做作业不够积极，总是磨蹭呢？为什么孩子百般努力却总是收效甚微呢？其实，我们如果留意总结，很容易发现以下状况：

1. 磨蹭如炸弹引信，易引发家长愤怒

从某种角度上说，磨蹭是孩子对家长耐心的考验和挑战。但不幸的是，在孩子面前，许多家长纷纷败北。在这里，我特别想奉劝家长，一定要有"大肚能容天下事""宰相肚里能撑船"的气度，对孩子一定要有耐心。也许有的家长会说，"是的，我也明知自己不该发怒，但就是控制不住自己。"至

> **重点提示：**
>
> 面对孩子的磨蹭，家长首先要懂得和学会"制怒"。

此,针对孩子的磨蹭,家长最容易犯的错误就是——愤怒。因此,情绪管理很重要。

殊不知,"鞭挞儿童,是教育上最不适用的一种方法。"英国教育家洛克这样说。是啊,愤怒的副产品一定会是语言或行为暴力。这一行为习惯可能连你自己也不喜欢,更不用说孩子了。法国作家大仲马说过:"暴力是一种虚怯的表现。"事实上,无端愤怒是一种精神错乱,每当你不能控制自己的行为时,你便有些精神错乱。那你所做之事,大多会遭遇失败。

2018年1月5日,江苏9岁的男孩明明被殴打致死,而施暴者竟是明明的亲生母亲。事发当天,明明独自出门玩丢了手机。寻找数小时无果,明明坐在雪地里大哭。最终他还是回了家,母亲得知后非常生气。她用胶布将明明的手脚、身体捆绑起来,不让他反抗;用木棍从傍晚6点打到深夜11点,打了歇,歇了打;期间只喂了孩子几口水。6日一早,明明只穿着秋衣秋裤趴在自己房间冰凉的地板上,永远地闭上了眼睛。妈妈的愤怒,葬送了明明的生命。

明明的母亲被抓后情绪一度失控,据了解,明明的父亲常年不回家,不给一分钱生活费,而明明又很依赖妈妈,经常说希望妈妈不上班在家陪她,这让原本就很烦躁的妈妈很不爽:但不上班哪来的钱,该怎么生活下去?于是,妈妈把对丈夫不负责的痛恨和对自己不能拥有幸福家庭生活的不甘都迁怒于年仅9岁的明明,时常对孩子动手,发泄愤怒。

从上述事件中不难看出,在关键时刻是不可以让怒火左右情感的,不然有可能会为此付出生命的代价。同样,家长的愤怒对改善孩子的不良行为丝毫起不到应有的作用,甚至有可能使您的孩子偏离正常的成长轨道,从而对孩子的成长引发惨痛的教训。相信没有一位家长愿意让孩子拥有这样痛苦的成长经历,也没有一位家长愿意看到孩子由于自己的草率而导致失败吧!

愤怒,同其他所有情感一样,不会无缘无故地产生。而成功人士是不会让愤怒情绪所左右的,同样,任何一个成功的父母也是不会随便发怒的。那么,家长怎样才能做到"制怒"呢?

要明白多数人,包括孩子在内,在大多情况下都不会按照你的意愿行事。家长要敢于正视这一现实。所以,每当你为孩子动怒时,其实是你不敢正视现实而让自己经受情感的折磨,从而使自己陷入一种通过发泄情绪来实现平衡的状态。试想,何必为根本不可能通过愤怒而有所改变的事情自寻烦恼呢?何不转换一种思维方式改变困境呢?

第二,作为家长,孩子惹你生气那是不可避免的,如果你每次都不能控制自己的愤怒,那可就太不明智了。所以,对于孩子那些让你想要发怒的言行举止，要学会暂时主动避开。因为当人们受到刺激时，大脑会产生兴奋灶，所以当大脑产生发怒的兴奋灶时，就要及时建立另一个兴奋灶以消除愤怒兴奋灶；以此达到制怒的效果。等到情绪恢复之后，再对孩子做进一步的教育指导。

第三，家长对孩子教育指导的方法态度，直接决定了你在孩子心目中的形象。你若是经常对孩子发怒，那一定会给孩子一个不好的印象——爸爸妈妈什么都不会，就会发怒，就会生气，同时在孩子心中失去家长应有的权威性、亲和力，孩子更加不服管教；而当你对孩子的不良言行能够循循善诱，甚至是用一种幽默的方式方法，让孩子明确自己的问题之所在，并予以改正。这种幽默是一种智慧，是一种品质。

第四，愤怒的本质不是对事件或对方感到不满，而是对于自己已无法控制的局面感到失落和恐惧的情绪化反应。试想，对于患病的人来说，癌症比感冒更让人感到恐惧，是因为癌症的低治愈率；如果有一天癌症如感冒般很容易就治愈了，那么面对癌症，人们还会感到恐惧害怕吗？同理，面对有能力解决的问题谁还会伤肝绝气地发飙。所以，学会解决问题是制怒的关键。

综上所述，学会制怒是一个成功家长的必修内容。要想纠正孩子磨蹭的不良行为，家长需要有耐心，要认真观察分析孩子磨蹭的原因，而不是随意大发雷霆。

2. 磨蹭是放弃的信号

孩子不爱学习首先是从磨蹭现象暴露出来的，从某种程度上讲，磨蹭就是放弃的信号。其引发的后果是非常严重的，因此，家长应予以重视。小学时的磨蹭还比较好解决，一旦上了中学，如果长期出现这种磨蹭习惯的话，校正起来就相当不易了。所以，小学生的家长如果及时纠正孩子磨蹭的坏习惯，那么在今后的学习生活中，孩子就会感到非常轻松快乐。

对于磨蹭的问题，可谓相当普遍，曾经不止一位家长提过这样的问题，几乎每位家长都被孩子的磨蹭问题折磨得焦头烂额。

很多来访的家长，尤其是妈妈，普遍反映自己的孩子特别磨蹭：

"孩子做事磨磨蹭蹭，作业明明不多，可每天都要拖到 10 点多才能写完！我每天各种催他，嗓子都破音了他还是慢悠悠的，这可怎么办呢？"

"孩子都小学五年级了，做事还是特别磨蹭，起床慢慢悠悠，写作业拖沓，要是带着他出门更是要费半天工夫，孩子越磨蹭，我就越着急。"

从上述事例可以看出孩子磨蹭的习惯已经渗透到了其学习、生活的各个方面。磨蹭不治不防，危害不容小觑。因此，家长在平时的日常生活中，要随时注意观察孩子的学习情况和情绪趋势，及早发现问题，及早解决，以免造成更大的危害。但事实上，家长对于孩子的磨蹭却总是不知所措；甚至在教育孩子的过程中，犯了很多大忌，暴露了很多问题：不明缘由地斥责、引导不当、交流不平等、语言暴力、言行不一等等。殊不知，克服磨蹭，必须对症下药，否则，都是徒劳。

二、原因剖析

磨蹭的表现是多方面的，其原因也是多种多样的，有可能是因为孩子追求完美，想写好每一个字，做对每一道题，有可能是因为他不会，还有可能是不会又不敢问，因为曾经的经验让孩子惧怕父母的呵斥，还有可能是孩子本身生理上存在某些障碍等等。因此,家长首先应该学会观察自己的孩子,正视问题所在,对症下药,及时解决困难,帮助孩子一起远离磨蹭。

1. 教养方式不当

有些孩子磨蹭大多是因为家长的教养方式出了问题,也就是亲子沟通不畅造成的。比如孩子做作业磨蹭这件事,很可能是孩子真的不会做,知识掌握不到位,学习方法出现了问题。而家长对此却一概不知,总以为孩子在消磨时间。但孩子为什么不告诉家长实情呢?那是因为孩子害怕家长的责骂,"你上课干什么去了?""老师讲课你又溜号了吧?""我就知道你没认真听!""你怎么那么笨呀?连这个题都不会做!"……或者是因为以往家长给孩子讲解时,态度过于粗暴,不是指指点点就是骂骂咧咧,给孩子造成了心理恐惧。正是家长的这种盲目自尊和虚荣,加上缺乏耐心,才遏制了孩子向你开口的需求。

孩子不会,却又不敢问,只好坐在那里冥思苦想,可想来想去还是想不通、弄不懂,于是,孩子只好把注意力转向玩玩笔啊,摆弄摆弄书啊等更吸引他的小动作上了。这一幕在家长看来,就是孩子写作业磨蹭,边写边玩。此时,急在心头的家长遏制不住自己愤怒的情绪,一通说教或冷言冷语在所难免,孩子再度陷入了写作业的惶恐与不安中。就算你讲得再清楚,孩子只会更加木然,大脑根本听不进去你的讲解。我们好多家长就是这样一步一步把本来很聪明的孩子推进了笨孩子的行列,甚至是智障者群体,这绝不是危言耸听。

2. 家长认识存在误区

我们常听家长说,"这孩子就是不好好写作业,老是磨蹭。"言谈中,甚至感觉孩子本没什么大问题，就是主观上不好好写。可能好多家长都不愿承认，其实每个孩子之间是有差异的。孩子磨蹭极有可能是能力不及，无法在家长规定的时间内完成所有作业。孩子主观上也想写快，但就是达不到家长的要求。其实孩子心里也是很着急的，确切地说，这时候孩子需要的是鼓励和帮助，而不是责骂。也就是说，这时家长可能误解了孩子。

而这种能力不及又分为两种情况，一种是作业量大，按照孩子现有的能力水平，不可能在有限的时间内按时完成，这需要家长和老师进行沟通；另一种是孩子本身生理上出现一种障碍——视知觉能力发展失衡，有可能是手眼协调能力和视觉记忆有障碍。具体表现为，孩子虽然作业都会做，而且也在很努力地写，但还是不能像别的孩子一样按时完成。这是因为孩子眼睛看到的、大脑反应的和落笔书写的行为不协调。为了不出错，孩子会反复查看核对内容的准确性，无形中就拖延了时间。但家长可能根本就不了解这点，只知道一味地催促孩子快做，缺少了足够的观察体贴和耐心指导。

对此，家长要给予充分理解，并对视觉与手部精细动作配合的能力加以强化训练，比如可以利用日常生活中拍球、打乒乓球、跳绳、穿针引线等活动来做强化训练。

下面列举两个小游戏可作为家长平时对孩子的强化训练。

游戏一：一级横向追踪

在下面的线条上目光沿箭头的方向快速移动，从左上端到右下端全部看完为一次，看得越快越好。时间一分钟，记录最多能看几次。

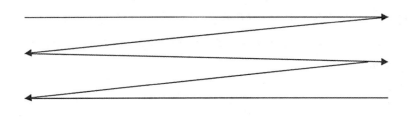

游戏二:扑克记忆

准备一副扑克牌,随意选出 5 张不同的牌,一线排开,给孩子看 10 秒钟,然后收起扑克,让孩子凭记忆说出从左至右依次是什么牌。重复做 5 次,记录正确情况。随着孩子记忆准确度的提高,可不断提升游戏难度,选取更多不同的扑克牌继续此游戏。

3. 额外增加负担

对好多孩子来说,磨蹭只是为了逃避父母强加给自己的更多负担。有的家长为了让孩子更具"竞争力",不输在起跑线上,从小学就开始给孩子加码,除了老师每天布置的作业外,家长还要煞费苦心地给孩子"精选"课外作业,导致孩子不愿早早完成校内作业,去做那极不情愿做的家庭作业,此时孩子的磨蹭就产生了。

小学阶段是培养学习兴趣和方法的关键时期。要知道,大多数孩子存在这样一种心理:你不让我做什么,我偏要这样做,你硬让我做什么,我偏不这样做。所以说,我们家长往往在扮演着阻止孩子成长的角色。长时间地给孩子增加额外的负担,只会养成孩子规避现实的毛病,而拔苗助长的行为只会过早地扼杀孩子的学习兴趣。久而久之,孩子便养成了磨蹭、懈怠的坏习惯,更可怕的是,孩子会逐渐丧失积极思考和快速应变的能力。可见,家长这种急功近利的心态,对孩子非但丝毫起不到培优的作用,反而事与愿违,将本来积极上进的孩子,变得思维迟钝,甚至推向厌学的深渊。

我曾接触过这样一个案例,一位小学四年级孩子的妈妈找到我,问我怎么解决孩子磨蹭的毛病?通过了解,孩子除了做作业磨蹭外,做其他事情却不至于太磨蹭。原来妈妈每天在孩子完成学校作业后总会给孩子布置额外的作业。孩子的磨蹭因此也就开始了。于是,我给这位妈妈开了个"药方",从今天起不要再给孩子布置多余的家庭作业,每天限时完成作业,完成后可以做一些自己喜欢做的事情,比如看课外书、看半个小时有意义的电视、做一些小制作,或者爸爸妈妈和他一起玩游戏等等。这位妈妈采纳了我的建议一周后,她高兴地打电话告诉我,孩子简直像换了个人似的,一点儿都不磨蹭了,而且学习劲头也足了。

其实,好多家长不明白,过度的急功近利对孩子丝毫无益。小学阶段应该是一种学与玩相结合的学习状态。很多家长对现行的考试不是很熟悉,目前考试中已经有很多题不再需要死记硬背,而是越来越注重考查学生的综合能力。很多考题与生活实践密切相关,所以,家长应让孩子从题海中解脱出来,用生活带动学习难道不比无谓地浪费时间更有效率、更有价值吗?

比如孩子自己做饭吃。前提是家长之前一定认真细致地教给了孩子怎样做饭,同时告诉他怎样做才会更合理。

　　假如有一天,孩子在家感觉肚子饿了,爸妈正巧不在家,他就会想着怎样填饱肚子。家长们注意了!首先,这时孩子的肚子饿是当务之急的一种内需,其次家长不在家,正好满足他在没有外力干扰和束缚的情况下,自行做成一件事情的欲望,并以此来证明自己的能力,从而获得一种强有力的自豪感。首先他可能会先用电饭煲把米焖上,再热上一锅水,这时开始摘菜、洗菜,先把要拌的凉菜切好,水开了,把菜放进去煮熟捞出晾凉,接着再在炒锅中倒油,油热了,先给凉菜上浇一点儿,然后再用剩下的油炒热菜,很快一顿可口及时的饭菜就做好了。这中间就涉及统筹安排的知识,如果没有这方面的训练,孩子做起事情来就会很无序。

　　如果孩子没有生活秩序方面的强化,那么,在学习上也一定是杂乱无章的,因为他的大脑从没有过这方面的训练。所以,适当的劳作远比额外的课业负担,对孩子的成长更有效果。同样,对孩子正常有序的学习生活也是益处多多。

4. 兴趣低落

爱因斯坦曾说过："兴趣是最好的老师。"纵观古今中外，哪个伟大的科学家不是因为兴趣才创造出伟大的发明？同样，如果孩子对面前的事情缺乏兴趣，又怎么会积极主动地去做呢？

磨蹭在学习上主要表现为学习动机不强，敷衍了事，能拖就拖。其实这是一种缺乏积极性的表现。由于缺乏情绪的肯定和认同，没有完成任务的主观需求，对自我的要求自然就无所谓了。就拿前面提到的案例中的茜茜来说，她为什么会磨蹭？起床磨蹭、洗脸磨蹭、梳头磨蹭、做作业磨蹭等，其实原因皆缘于兴趣低落。起床磨蹭是因为有更吸引她的事情（看课外书、玩布娃娃等等）要做；洗脸磨蹭是因为手在水里的样子很好玩，或者在洗脸的同时，她想到了什么更有趣的事情；梳头磨蹭是因为她想尽可能完美地做好这件事情；做作业磨蹭可能是因为她对写作业这件事情认识不清，从内心里就很抵触，更不用谈什么兴趣了。

所以，孩子的磨蹭是因为对所做之事不感兴趣，自然没有动力去付出努力，至于效果也就不言而喻了。

5. 生理调节障碍

有些孩子磨蹭表现在生活起居上，早晨总是不能按时起床，而且上午总是没精神或者总说头痛。这样的儿童，在学校做早操时，会感到恶心、眼前发黑、跌倒或者是出现与晕车相同的症状。但家长只是一味地责怪孩子，殊不知，这与孩子生理出现问题有很大关系。

相关研究表明，这样的孩子往往患有低血压。其表现症状为，有起立调节障碍，对成人来讲，可称其为自主神经功能紊乱症。为什么会这样呢？如果自主神经功能正常的话，起立时血管会马上收缩，而自主神经功能紊乱的话，血管还是舒张状态，这样血压升不上去，起立时大脑供血不足而出现眼前黑和早操时突然跌倒等症状。家长直到亲眼看到孩子跌倒、呕吐，才会意识到问题的严重性，开始寻求解决方法。

这类低血压的孩子，躺下测血压往往时是正常的，站10分钟再测却又是低的。所以，对那些慢吞吞的孩子，家长要减少责备，多些关心，多些耐心。

6. 无比照对象激励

和众多家长交流得知，如今大多数孩子都或多或少地有过磨蹭这个毛病。而这些孩子有一个共性，几乎都是独生子女。而这些每日被父母训斥的孩子，在学校却不一定磨蹭，有些孩子甚至勤快得不得了。那么，为什么这些孩子在学校表现得勤快，在家里却总是磨蹭呢？除了以上家长家庭教育的失误外，还有一个最普遍的原因是，孩子们在家里没有比照的对象，不知道自己究竟是快还是慢。让我们来听听一个小学三年级女生与妈妈的对话：

双休日的一天，媛媛不紧不慢地玩着她的布娃娃，旁边妈妈看着直心焦。为什么？因为孩子的作业还没有全部完成。不由得，妈妈又开始唠叨了："媛媛，你怎么还不赶快写作业？你什么时候才能改掉磨蹭的毛病呢？"

媛媛："谁让我每天就一个人呢！没有对比的人，我也不知道自己是快还是慢！"

从以上对话中,我们不难发现,孩子的话固然有点强词夺理,但同时又是千真万确的内心写照。是啊,没有参照物,人往往会容易失去前进的方向和动力,更何况是一个正在成长中的孩子!

因此,矫治磨蹭要依据不同的情况,对症下药。切忌想当然地认为孩子磨蹭就是态度不积极,于是就启动简单粗暴的批评和抱怨模式,不仅得不到预期的效果,反而会引发孩子的反感和抵触。

三、解决对策

那么,到底该怎样解决孩子的磨蹭问题呢?有哪些方法可以借鉴呢?如果家长们耐心地看完以上章节的话,应该明白几个道理,家长认同的就是孩子反对的,家长反对的就是孩子赞成的;家长不恰当的教养方式会销蚀孩子对学习的天然兴趣。这时,你是不是发现,孩子远不像以前那么讨厌?本书就是想让家长先学会学习,明白解决一个问题的答案并不是单一的。家长应该把自己的孩子当作研究对象,要理解透孩子,不要怕麻烦。如果你都怕麻烦,那谁又愿意自寻烦恼,去帮你教育孩子呢?

所以,家长要学会站在孩子的角度想问题,只是一味盲目地横加干涉,是不会教育好孩子的。我们说,家长教育孩子之前,一定要先学会做人。有家长可能会对此颇有微词,可事实就是如此,并不是所有的成年人都会做人。有文化和做人是两码事,学历高的家长不一定就能教育好孩子,相反没有文化的家长不一定就教不好孩子。关键在于,家长会做人,孩子自然会做人,先学会做人,才会做事。世界上凡是成就一番大事业的人,都是先做人,后做事。正如联想总裁柳传志所说,"小公司做事,大公司做人。"而这一点也正是联想集团成功的写照。所以,你只要很人文地对待自己的孩子,方法自然手到擒来。

关于孩子做作业,我在下面列举了几种改变孩子磨蹭的方法,以供家长借鉴:

1. 定时不定量

孩子下学后,首先要求完成作业,完成作业之后再去玩。也就是说,根据孩子的作业量,规定孩子在多长时间内必须完成,完成后千万不要再加多余的作业。或者按考试的方式来完成作业,一定要在规定的时间内完成作业,这条适合小学高年级的学生使用。

2. 定量不定时

就现有的作业量,不管用多长时间,只要完成就行。针对此方法,有两种辅助手段,家长可配合使用。第一,物质奖励法,当孩子达到要求后,家长就以物质奖励的形式兑现,可以奖励孩子平时最喜欢的一件东西。第二,代币法,其实是物质奖励法的延伸。当孩子作业完成情况达标后,可以奖励一种特制的钱币。如果孩子积累到一定数量,就可相应得到一件物品或奖励一种行为。这种方法适用于小学低年级的小学生。

3. 提倡专时专用

家长要帮助孩子学会管理时间,合理分配学习时间,每个学习任务都要明确目标、限定时间,按时按质按量完成。在制定学习任务、时间等的过程中,家长要充分考虑孩子的现有基础、年龄特点以及个性特点,以实现科学制定规划。进而在实践的过程中,让孩子用最少的时间高效完成学习任务,不耽误玩耍的时间,甚至有更多的时间去玩耍,而不会耽误学习。让孩子尝到其中的甜头,就会养成习惯。

4. 培养时间观念

做事磨蹭的孩子一般时间观念都不太强;有磨蹭习惯的孩子往往做

什么都会磨蹭,因此,克服磨蹭毛病,需多管齐下,特别要注意让孩子树立时间观。家长要让孩子明白,时间就是生命,时间就是财富。时间具有不可逆性,逝去的每分每秒都会一去不复返。而磨蹭就是浪费生命,尤其在当今竞争日益激烈的信息时代,磨蹭低效率的人始终是会被社会淘汰的。因此,家长要教育孩子,在有限的时间内,做有效率的事情,才能让自己在竞争过程中立于不败之地。对此,家长可以在日常生活中为孩子多安排一些计时性活动;也就是说家长可以事先设定好孩子做某件事情需要的时间,然后督促孩子按时间完成,事后,与孩子一起评价,根据实际完成情况调整时间要求,确保以后做得更好。对于低龄孩子,家长可以陪孩子一起进行一些计时阅读、计时记忆、计时答题、计时劳动等活动,来帮助孩子树立时间观念。

第二节　走神儿

一、问题阐述

没有一个孩子是不想获得好成绩的,也没有多少孩子天生就喜欢听课的。但是,由于孩子的注意力时间不可能一直持久,就表现出特别容易走神儿的状态。然而,走神儿还不是最可怕的,最可怕的是走完神不知道怎么回过神,回过神来又发现,再听的时候,已经

> **重点提示:**
>
> 走神的原因有很多,因此,不能盲目指责孩子不用心,要探究其走神的原因,然后对症下药。

听不懂老师所讲的内容,于是内疚自责,茫然不知所措,请教无门,导致孩子自卑、焦虑。时间一长,当孩子慢慢习惯了,反正怎么样都是听不懂,走不走神儿又有什么关系? 于是,陷入了一种恶性循环。

二、原因剖析

小学生会走神儿的原因是多方面的。可能来自儿童本身,如学生听不懂,或者没兴趣,期待或留恋某种事物,缺乏守纪律的品质,小动作不断,或者由于挫折及情绪不良,而焦虑、疲劳、饥饿或身体不适等;也可能是受外界环境的影响,这些都足以妨碍学生集中注意力听课,从而出现走神儿现象。

1. 身体状况不佳

孩子可能会因为肚子疼、感冒发烧等身体不适的原因造成走神儿现象。只要家长或老师稍加留意,就可以及时发现并解决这一问题。

2. 情绪受到干扰

有时候,由于情绪受到影响,如家庭父母不和、和同学发生各种矛盾、和老师关系不良、感觉委屈、被坏同学欺负,校园欺凌恐吓等,孩子可能会出现短暂的情绪波动,比如忧伤、烦躁、焦虑、无助等消极情绪,这些负面情绪同样会造成孩子上课或做作业走神儿。这时尤其需要家长和老师细心观察,及时给予孩子帮助或支持。一旦问题解决了,孩子的走神儿现象自然会大大减少。

3. 来自环境方面的原因

如上课时室外吵闹,课堂上的偶发事件(如有同学的文具盒落地一声巨响),课堂纪律遭到个别人的破坏等,都足以引起学生的走神儿。再者是来自老师本身的原因。如教师缺乏威信,教师教学方法不当,穿着打扮不够检点,不善于分配自己的注意等,也都会让学生走神儿。

曾有一位妈妈说过,儿子上五年级,有一段时间,她发现孩子特别不爱学英语,成绩直线下降。后来经过了解,儿子对她说:"我不喜欢英语老师,瞧她那样儿,每天穿得像个小姐似的,裙子短得不能再短了,眼睛画得像个熊猫,脸抹得像个白骨精,恶心死了! 谁想看她那张脸!"因为不喜欢英语老师故而不喜欢上英语课。妈妈无奈,因为还不能得罪老师,还有一年孩子就要升初中了,万一老师不管自己的孩子可怎么办? 于是,只好好言相劝,让儿子想清楚,学习不是给老师学,上学是为了学知识,不是为了看老师的。尽管如此,孩子仍不能好好学习英语。为此,应该怎么跟孩子讲道理?

针对这种情况我教给她一个简单有效的办法:

①拿出一张纸。

②左边写上你不喜欢的老师的名字,右边写出他教的课的名称。

③左边写出你讨厌他的原因;右边写出这个课程能让你得到什么。

④仔细想想,请写出你学习的收获和对老师的反感有什么联系。

对于上述的第④条,我预判出孩子无法写出。此后,孩子便忽视了对老师的反感,又开始喜欢学习英语了。

就好比你讨厌今天下雨而不想吃饭一样。因为你无法写出,所以你不能拒绝你的期望。人有时候并不是总在情绪好的时候做事情,只是因为必要。而当你投入身心去做一件事情的时候,你的情绪自然也会变好。也就是因为这个原因,人类才会不断进步。

三、解决对策

孩子听课走神儿,暴露出许多学习方面的问题,目标不明确,知识掌握不到位,学习方法不对,学习效率低下等。因此,要想从根本上解决孩子的走神儿问题,就要培养孩子高效的学习方法,教会孩子如何学习,而不只是简单地要求孩子不要走神儿。高效的学习方法是全方位多层次的,涉及预习、听课、复习、做作业等一系列环节。

1. 预习

孩子上课走神儿,说明他听不进去。为什么呢? 很有可能是上节课后知识巩固不到位,本节课前准备不足,学习程序被打乱,不能做到环环相扣。所以,老师讲课的内容他不是很明白,自然也就听不进去了。既然听不进去了,大脑不胡思乱想还能做什么呢? 可见,预习的作用是不可估量的,学会预习就等于学会自学,为降低走神儿的可能起到很大的积极作用。

可惜,对于预习的作用,好多家长和老师了解得并不是很到位,不知道预习的哪个环节所占比重大,哪个环节所占比重小。经过多年的实践经验,我总结出:数学和外语一定要预习,而且要花费更多的时间,比如说,听课也许只需要半个小时,但预习最少需要一个小时,而语文或其他学科可以根据时间另行安排。

在这里,我想更正大多数人对于数学这门学科的一个错误认识。数学并没有想象中的那么枯燥乏味。北京大学数学科学学院张顺燕教授常说,数学是一门充满了美与理的学科。但我们很多人则是谈数学色变,根本体会不到数学的魅力,体会不到数学的美。作为家长来说,我们要从小培养孩子对数学的热爱,锻炼孩子的数学逻辑思维能力和思维方式。家长要积极引导孩子喜欢数学,热爱数学,用数学去感受生活的美。

那么,如何预习才能达到高效率呢? 一是养成自主学习的习惯,二是培养创造性学习的习惯。

(1)养成自主学习的习惯

自主学习最首要的事情就是预习。那么如何做到有效的预习呢? 提高学习新知识的目的性和针对性,提高学习的质量。在我的看来,一到三年级一般不需要家长指导预习,可以孩子自己先去感受摸索,家长给孩子提示或建议即可。到了四年级,要逐步掌握并建立预习、复习和记笔记的学习方法,而且知道怎样才能做到高效率的预习、复习,学会把握预习、复习的时间和节奏。

①预习方法

以数学学科为例,孩子们具体应该怎么操作呢? 我们很多老师可能会给学生布置预习作业,但具体应该怎样预习,却没有明确的指示,往往是让孩子们把书看一遍。其实这种预习是起不到什么作用的。

正确的方法应该是：在预习之前，先把书放在左手边，右手边要常备些演算纸。记住，这是做数学作业或预习时一定要养成的好习惯。接着，打开要预习的章节，先把前言例题等看完后，赶紧捂住下面的例题解析或解答过程，然后按照自己的理解，在旁边的演算纸上写下自己的计算方法。最后再对照书上的答案或例题，看自己的方法和书上的解题思路是否一致，或者比较哪种方法更好。再想想自己还有没有其他新的解法。

如果科学、自然之类的课程，预习意味着一定要动手。你可以按照书上要求去做实验，这样不仅能帮助你更好地理解其内容，而且锻炼了你的动手能力。

②预习标准

预习的标准就是老师不上这堂课，你也基本掌握知识内容，假如你请假没去上课，再来上课时依然能听懂老师讲的内容。那么就说明你的预习是成功的，否则就是失败。

如今好多小学老师也在给孩子布置预习作业，但却没有具体细致的方法指导，于是学生的预习往往流于形式。其实，预习就像老师讲课需要备课一样，要求学生从小就要学会利用工具书、字典、手册、图表或仪器做准备工作，这样才能使预习到位。

③预习深度

预习的深度是有讲究的。我认为，正式完备预习应该从小学四年级开始，一、二、三年级的学生主要是课前对内容进行初步的了解即可。学生可以预习整本书，即在假期就把下个学期要学的内容提前预习，因为你有足够充分的时间去思考。坚持几年后，到了初一时你的预习习惯已经基本成熟。一般情况下,在假期可以把下学期的功课预习完(主要包括数学、物理、化学等理科类的学科),而假期的另一个任务就是读小说。所以说,从小学阶段到中学一定要坚持预习,那么到了大学,你自然就养成了良好的预习习惯,于一生受益无穷。

④预习目标

预习分为近期目标和远期目标。

预习的近期目标,是为了快速理解和吸收老师课堂上的内容,明白老师教授的重点和难点,提高听课质量。在预习过程中,凡是看不懂、不明白的内容,应当进行标注。这样,当老师在课堂上讲解时,你就可以有针对性地听课,对比自己的理解和老师的讲解有什么不同,便于掌握知识难点。所以,带着问题去听课,批判地去听课,那么你就会成为一个研究型的学生。正如爱因斯坦所说:"提出一个问题往往比解决一个问题更重要,因为解决问题也许仅是一个数学上或实验上的技能而已。而提出新的问题,新的可能性,从新的角度去看旧的问题,却需要有创造性的想象力,而且标志着科学的真正进步。"因此,孩子应该养成预习的好习惯,敢于提问题,会提问题,而且能提出有质量的问题,那么,学习品质自然会取得提高。

预习的远期目标,是培养自主学习的好习惯和能力。无论现在还是以后,我们都是学习者。要想学习,首先要学会读书,什么叫会读书呢?比如,你大学毕业开始独立工作了,但你所从事的工作内容与你所学专业可能风马牛不相及,是一个全新的领域,那么此时便要求你具备自学新知识的能力,否则你根本无法胜任这项工作。

我曾经因为工作原因需要研究火药问题。因为之前我是学习数学专业的,火药专业对我来说是一个完全陌生的学科领域,所以我需要自学火药专业的书。但我在学习过程中充分发挥了我的专业优势,用数学方法进行试验设计,结果做得很成功。所以说,如果你能把其他专业的书读懂,那么就说明你会读书。我认为,我的成功转型就是因为以前上学时学会了自学。因为在学校读书有老师教,但当你走向社会,尤其是到了一定年龄,哪那么容易请到老师教你,甚至有些新的知识领域,连老师都不懂,那么这时就必须依靠自己的读书能力和自学能力来解决问题。

所以,我认为,自学能力在一生中是非常重要的。记得我的小孩儿5岁半时,我教他学习"12-8=?"这类两位数的减法,结果怎么教都教不会。我不甘心,怎么我一个数学系毕业的大学生都教不了孩子这么简单的问题。于是,我意识到,应该是我的方法出了问题。这使我明白,幼儿教育是另一种学问,绝不是你上了大学就能教了幼儿,这其中有个关于幼儿对问题的理解以及消化的基本常识,如果你不懂又如何能解决?我三四天睡不着、吃不香,终于想出来一个办法,我用小火柴棍给他进行形象直观的讲解,结果孩子很快就学会了。这使我终于明白一个道理,不是孩子笨,是我笨,我应该去找书来研究这个问题。然后,我到新华书店,当时对幼儿教育的书很少，心理学的书更少，我终于在新华书店找到了一本皮亚杰的《儿童心理学》（皮亚杰是著名的儿童心理学家，但他远不止是一个心理学家，他还是一位兼通数学、逻辑、物理学、生物学、心理学、社会学、科学史和哲学的大学问家。他在1918年研究软体动物获得自然科学博士之后，转而研究心理学成为大家，1949年又革新逻辑学，1950年发表《发生科学认识论导论》三卷、《儿童心理学》《结构主义》等著作）。回来后如饥似渴地读了四五遍，这本书确实很难懂，因为它运用了《抽象代数》（也叫《近世代数》）里面的群环体的概念。正好我在大学这门课学得还可以，搞明白这本书是用结构主义的逻辑写成的。这本书其实是儿童发展心理学，从这本书上，我得到很多启示。通过阅读皮亚杰的《儿童心理学》后，5岁半孩子的思维属于前运算阶段，相当于学龄前期。这个阶段的儿童以形象思维为主，那么当他兴趣来的时候，要及时抓住机会，以形象、直观的形式，以生动的语言，用实物进行教育最好。所以，我用小火柴棍给他讲解，结果孩子很快就学会了。如果我不及时学习研究皮亚杰的《儿童心理学》的话，又怎么会明白如此简单的道理呢？这就说明如果读书能力强，就可以很好地找到解决问题的方法。对于今天的人们来说，获取信息的渠道有很多，也很方便，比如网络等；但是这些丰富的资源更需要通过你的读书能力来获取。那么，这种能力是哪里来的呢？那就是预习。你通过预习，学会了自学，学会了怎么去读书。

所以，培养孩子会预习、会读书的能力是非常重要的，不仅能有效提高学生的学习成绩，还能锻炼孩子多角度考虑问题的思维习惯。如果自己的理解有偏差，正好找出自己在预习中有什么不足之处，然后进行改进。只要掌握预习的科学方法,长期坚持,那你一定会学会预习,学会学习的方法。

(2)培养创造性学习的习惯

以数学学科为例,随着科学技术的进步,以计算技术和解决常规问题为重点的数学教育已经不能适应时代发展的要求。如今,随着社会的进步以及国家的发展,对人才的创新意识的培养和创新能力的发展有了更高的要求。对于当代学生而言,创新思维与创新能力的培养,比知识的获得更重要。为此,可从以下三方面着手培养:

①培养孩子勤于质疑的习惯

正如爱因斯坦所言"提出一个问题,往往比解决一个问题更重要。"质疑精神对于一个孩子的成长而言是非常重要的。所谓质疑精神。就是善于发现问题,敢于提出质疑。因此,家长在平时的教育过程中要有意识地培养孩子在这方面的习惯,让孩子养成积极思考、主动质疑、不断探索的习惯,让孩子不仅好问,而且要敢问,更要会问。尤其在数学学科方面,问题可谓是核心,好问、敢问、会问的孩子,更容易学好数学。

另外,家长要以身作则,言传身教,从日常小事做起,慢慢教会孩子多角度质疑,多角度发现问题。比如,当孩子摔倒了,不能只是简单地告诉孩子小心一点,而是要让孩子分析怎么会摔倒,怎么避免以后再摔倒。

②培养孩子勤于实践的习惯

小学生的思维正处在具体形象思维向抽象思维、逻辑思维发展的过渡时期,特别是低年级儿童的思维仍以具体形象思维为主,他们的抽象思维需要在感性材料的支持下才能进行。因此,对于小学生的教育,必须重视培养孩子动手、动脑、动口的习惯,让孩子在实践中获取新知,提高实践能力。例如在学习"角的初步认识"时，角的大小与两边的长短有没有联系？这个问题就可以通过操作自制的活动角，边操作、边观察、边讨论，从而得出正确的结论。这类活动就能使学生养成手脑结合，勤于实践的学习习惯。

③培养孩子勤于思考的习惯

对于孩子而言，学会思考，勤于思考，是一生中的宝贵财富。因此，家长要特别注重培养孩子全方位思考和多角度解决问题的习惯，重视思维的多向性和灵活性。想方设法启发、引导、鼓励孩子积极主动思考，敢于发表不同的见解，有助于逐步培养孩子的创新思维习惯。以数学学科为例，家长可以通过观察、实验和推理等实践活动，重视一题多解、一题多变的方式，培养孩子的发散型思维和创新型思维。

我曾经接触过这样一个案例，一位家长在给孩子讲分数的初步认识时，要求孩子把一张正方形纸平均分成四份。"宝贝，你折一折，试一试，看能找到哪些方法？"，孩子很快就找到了三种方法。家长在给予充分肯定的同时，还鼓励孩子继续努力，看看还能否找到其他的分法。孩子经过努力，又找到了第四种方法。这种教法，不仅使孩子掌握了知识，还发展了孩子的求异思维。

一般家长认为，要提升数学能力就要多做题，培养兴趣。事实上，兴趣不是培养出来的，而是每次考试都要考得好，产生信心，才能产生兴趣。所以数学不好，关键原因不在兴趣，而是孩子的能力不足所致。想要学好数学，家长要特别注意培养孩子的这三种能力：首先要注意培养孩子对数学语言的理解能力，因为精准理解数学语言是做对数学题的前提，也是学好数学的前提。其次，要培养孩子对于数学材料的概括能力、运用能力，因为在理解数学语言的基础上，能够提取有用信息并会运用。通过"文字、数字与图形"这三种材料的训练，可以有效地培养孩子对数学材料的概括能力。最后，要提升孩子的运算能力，因为运算是数学的基本功。三种能力同时具备才有可能学好数学。

2. 听课

会听课是一门学问，孩子要注意总结每位老师讲课的特点，以主动的姿态来听讲。在预习上孩子掌握主动权，讲课的主动权则掌握在老师手里，但学生可以按照自己的节奏听老师讲课。在学习环节中，听课是必须的，且带有强制性。家长要让孩子明白，既然你不能在外面玩，不如在教室里死心塌地听讲，不去想与课堂无关的事情。那么，怎样听课才是高效的呢？在此，提供以下几点建议：

第一，跟着老师的思路走。

上课时，孩子要一心一意地跟着老师的思路走。如果中间有什么听不懂的地方，你先假设自己听懂了，假设这个概念是正确的，先不去钻牛角尖，暂时放下这个问题，等到课后再请教老师或同学。当然，如果老师讲课的思路是清晰的，说明老师备课背得好，学生学起来也比较轻松容易；如果老师讲课思路混乱，那课前预习就显得尤为重要了。

第二，带着问题去听课。

课前预习是一个好习惯。在预习过程中，孩子要标记不懂的地方。这样，当老师讲到不懂的地方，要特别注意聆听，看看老师的解决方法是什么样的？反思自己为什么没做到呢？可见，带着问题去听课是建立在预习的基础之上。此外，带着问题听课，不要只局限于解决自己的疑难，还要分辨出学习内容的重点和难点。既然孩子事先已经预习，那么已经大致了解老师讲课的内容。如果连重点和难点都难以分辨，只能说明你的预习质量有问题。其实，走神儿是很正常的事情，谁也不可能一堂课都能全神贯注；所以带着问题去听课就会使听课变得主动、轻松。

第三，学会做笔记。

我认为孩子不能盲目地做笔记。其实，我不太主张小学生做笔记。因为经常会发生这样的情况，你认真记下来老师黑板上的板书，结果回头一看全是课本上的，这种笔记不记也罢。只有你学会预习，才知道如何去做笔记，才会知道哪些内容该记，哪些内容不该记。所以，上课是听老师讲道理，千万不能因为做笔记而导致分心走神儿。如果你发现是新内容，课本上没有，这时你才需要做笔记。还有老师课堂上留的作业及习题，你需要用笔记下来。

第四，当老师讲得不尽如人意，要学会换个角色去听课。

并不是所有的孩子都有幸遇到好老师。当你不幸遇到一个不会讲课的老师，您会怎么办？埋怨老师？聪明的人是不会拿别人的错误去惩罚自己的。这时，不妨换个角色去听课。如果自己以后当了老师，会怎么样去讲这段内容？会怎么样突出教学重点？学生在听课的过程中是否有思考的余地？图标做的是否到位？板书的内容是否清晰易辨？换个角色去听课，深度和广度就大大不同了。如果你能长期坚持下去，就会更加深入地理解课本内容，更容易掌握知识点。当你听课的广度和深度升华到一定境界，哪有时间会做小动作，会想其他问题呢？走神儿问题便不治而愈了。有人说，这样要求对于小学生来说是不是太高了，其实不然，在学习上，有要求不一定有结果，但是不要求，往往就没有结果。有要求就是由更高的目标。多一点积极肯定，孩子的成就感、自信心就会无限放大；逐渐地,成为一名有志趣的学生。我记得,我的孩子有一天放学回来,和我说,"老师讲错了",对此我特别积极地赞表扬了他一番,他特别高兴,于是听课愈发有劲头了。

3. 复习

要懂得课后及时复习。孔子曰:"温故而知新。"就是指,在复习功课的基础上,来学习新的知识。复习是深刻掌握知识点的一种有效方法。在复习的过程中,孩子要查漏补缺,发现知识弱点、甚至盲点,同时,还可以发现新的知识。千万记住,复习功课是为了掌握知识,提高自己解决问题的能力,而不是为了考试。应对考试仅仅是眼前的,提高自己的能力和水平才是长久的。不要因为某部分内容会在考试中出现,我就认真复习,某部分不考我就不重视。孩子应该对课本内容一视同仁,按照学科的规律把概念、重点弄清楚,把例题弄明白,把思路理顺。复习就是为了应用知识,只要扎扎实实地复习,考试成绩自然不会差。那么,具体怎么做呢?

第一,回忆课堂内容。

课堂结束不等于听课结束。下课后,要及时回忆课上老师讲的重点内容、公式以及公式运用方法。特别是下课 10 分钟内,最容易回想课堂上老师传授的知识,是一种有效地巩固知识的方式。当然,也可以根据自己的实际情况,回到家里进行回忆式复习。在写作业之前,先闭上眼睛回想课堂上老师主要讲了些什么,然后打开课本对照。如果某些知识记得特别清晰,说明已经掌握;如果某些内容记不起来,或是记得不清楚,说明这部分还有问题,需要进一步的学习与巩固。

第二,带着问题去思考。

正如前面所讲,课堂上老师讲得不太明白的、当初假设听懂遗留下来的部分,还有回忆中不清楚的那部分,这些都是复习阶段要解决的问题。假如课堂上你理解了老师讲的95%,那么,回家复习就是解决没有搞懂的5%。这时,带着问题去复习,必然会有的放矢,抓住复习的核心内容。如果复习仍然没有解决了问题,应及时请教任课教师;如果复习中没有发现问题,只能说明你的学习还不够深入,不足以发现自己的不足之处。

第三,对知识内容进行分类整理。

孩子在复习功课时,首先要弄清楚概念。就像放在药柜中的药材一样:我要红花,你拿出的是当归,我要的是砂仁,你拿出的是陈皮,如果就这样配药的话,后果不堪设想。所以,作为学生,一定要透彻理解每一个概念,这样才能进行正确的分类整理。对知识分类本身就是做学问的一种常态,主要考验孩子的思维基本功,可以培养孩子的学习品质,这将为孩子成长为有学者风范的栋梁之材奠定基础。

4. 作业

完成作业,是学生最基本、最普遍的学习实践活动。所以应该让孩子用正确的方法完成作业。现在我想问家长一个问题:每年有不少学生会因一分之差与北大、清华等一流大学失之交臂,原因何在?按理说,他们在学习成绩上差距并不大,但为什么有的学生考上了,有的就失落了?也许有人会把此归为命运,其实不然。高考是一种综合能力的考查,考查的并不全是知识的积累,还考查心理素质、学习习惯和考试策略等各方面的能力。

因此,平常做作业,无论是从形式上还是内容上,都要像对待考试一样。家长要注意培养孩子的综合素质,有益地锻炼其考试心理素质。到考试时,孩子自然会把考试当成作业去轻松对待。不懂得把作业当成考试,考试自然缺乏基本的战斗力!所以,家长们千万别小看作业,孩子对待作业的态度和方式不得当,那么孩子在考试时就无法发挥出自己的实际水平,最后就会真的演变为不足。

形式上,从小学起,家长就应要求孩子养成良好的学习习惯。第一,规范书写,保持书写清洁。作业的格式、数字的书写、数学符号的书写都要规范。第二,独立思考。不许翻书、看资料及公式;不许走动(如上厕所、喝水)。第三,独立完成作业。孩子要自己完成作业,不请教家长,不要跟别人对算式和结果,更不要抄袭别人的作业。每次如此,久而久之,习惯养成了,精神集中了,心理素质也会有很大提高,那么应考能力自然也就提高了。

内容上,首先要学会审题。千万不要在审题不清的情况下急急忙忙去解题。要认真查看题目第一给了你什么条件,第二要你回答什么问题。有的题答案是唯一的,有的题可能就有多种解法,要具体问题灵活掌握。其次要学会分析题。题目太难,不会,并不可怕,怕得是你不会分析。思维要灵活发散,你可以考虑用什么方法来解题,分析法、综合法还是反证法? 根据题给出的条件可以画出图来,几何一定要准确画图,而数学的实践技能就是用笔和纸。画图就是把自己的思路演示出来,帮助自己思考。最后要学会反思总结。解出答案并不意味着一切了事,一定要回想你是用什么方法解出来的,这个题属于什么题型。总结这些是为了提高自己的解题能力,提高数学思维的能力。

这样用考试的标准来做作业,你就能很快发现自己的问题到底出在哪儿。同时,无形中也锻炼了你的应考心理。久而久之,应考能力提高了,精神也集中了,心理素质也会有很大提高。这难道不是一种学习、应考的捷径吗？

此外，要明白作业的本质是要学会并应用知识。预习是准备吸收知识，而听课、复习是吸收知识的过程。作业是应用所学的知识来解决问题，从应用知识的过程中进一步巩固消化知识。众所周知，学以致用是学习的最终目的，学习知识最终是要会运用知识。

2005年暑假，江苏宿迁市一位小学五年级的学生小潘来我这里接受生活和学习品质训练。从一开始我就严格要求她把每次作业都当成考试，不许做小动作，不许走动，不许吃零食，不许翻看书本和资料。这个孩子最大的优点就是善于把我讲的学习方法、写作方法吸收成自己的，拿来应用。经过一段时间的训练后，小潘养成了良好的做作业习惯。

假期结束回家后，有一次她母亲看见她正在做语文作业，凑到近前看了一会儿后，主动建议她用某词比现在用的那个词更好。她说，"不行，要按赵教授的要求来做作业，不许看书，不查资料，你告了我就等于作弊。"久而久之，她的心理素质得到了极大提高，而且应对考试的能力也同步提高。从前她在班上排在10名之外，回去后的两次考试成绩都排到了班里前5名。从没上过奥数班的她，在考试中竟考出了很好的成绩，从此增强了孩子学习数学的兴趣。

第三节　粗心

一、问题阐述

经常听到有些家长抱怨自己的孩子在学习上太粗心，其实考试那些题都会做，就是由于粗心，结果每次作业、练习、考试成绩都很不理想。家长们总觉得孩子的粗心是老毛病了，说大也大，说小也小，不算多严重的事。

> **重点提示：**
>
> 粗心既是对自己的不负责任，也是对别人的不负责任，更是素质不佳和缺乏责任心的表现。

有人认为孩子长大了就会好点，其实这是实在不知道怎么去纠正，只好拜托"时间"来解决。人不可能不犯错，对于你小时候出现的低级错误，可以说你是"粗心"，可是长大成人走上工作岗位后，再出现低级错误，没有人会说你粗心，只会认为你没水平。

中国孩子完成每一次作业、每一次练习、每一次考试，往往都是为了老师、家长而完成的，所以即使有了错误也不太在意，从来不担心这个错误会给自己带来怎样的后果。想想也是，当孩子作业、练习中有题目做错了，考试考砸了，真正在那里着急的是谁？是家长。作为一名学生，如果在学校阶段没有养成良好的作风，无论是升学还是就业，都会受到严重影响。更不用说上好大学去深造，即便你有运气去了好单位，因为你的思想认识和工作作风，都会让别人对你不放心，更不会把重要的事情交给你去做。

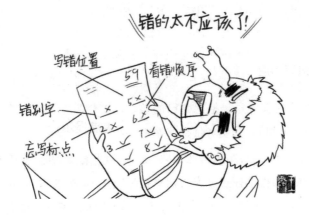

通常意义的"粗心",是指在力所能及的范围里发生了本来不应该出现的错误。由于能力不及而出现的错误,这会让人觉得很正常;而明明完全能够做到却出了错,这就会让人感到非常遗憾,"粗心"往往就是对这种错误原因的解释。

因此,家长们应该重视孩子粗心的毛病,帮助孩子增强学习的责任心。

二、原因剖析

"粗心"的出现有很多原因,比如学习能力方面的原因,心理和认知方面的原因,气质、性格方面的原因等诸多因素。

1.不良的学习习惯

经常会听到孩子这样说自己,"在草稿纸上算对了,但抄到本子上却抄错了""草稿纸上乱七八糟,结果都找不到自己需要的答案了"等。对于这类孩子，家长一定要帮他们建立规范的学习习惯，通过相应的改进措施，让孩子切身体会到有规范的学习习惯是很重要的。家长应该先让孩子自己检查每次的作业正确与否，然后家长再进行检查。如果家长检查不出错误，就应该奖励孩子，如买孩子喜欢的玩具、周末陪孩子游玩等等；如果家长检查出作业还有错误，就要有相应的惩罚措施，如少看一次电视、少玩一次电脑等。通过长时间的锻炼，就可以避免"粗心"的出现。

2. 概念不清造成认知偏差

有些孩子由于对事物感知能力差，因而对知识点的掌握不够清晰，从而不能准确地掌握概念法则。有的孩子经常对一些概念的理解似是而非，说不懂又懂一些，说懂，有些概念又不是很清楚，于是往往出现自以为"粗心"的问题。

例如：$360 \times 60 = 21600$ 这道题。用简便方法计算后，本来积的末尾应该补充两个 0，而有的学生可能会写成 $360 \times 60 = 2160$，积的末位少写一个 0，显然他对乘法末位带 0 的计算方法没有掌握。

而家长很可能会觉得这是由于孩子不认真而出现的错误，只是口头上数落几句就了事了。其实家长不明白，这是孩子对基本概念没有做到真正地深刻理解和掌握。久而久之，孩子的知识点掌握得越来越不扎实，从而造成概念模糊、不求甚解的坏毛病，知识网也会像一张满是窟窿的渔网，补都补不过来。孩子对自己解决问题的能力越来越不自信，越来越感到束手无策。因而也就出现孩子经常对家长说，"妈妈（爸爸），我不会做这道题。"实际上题目并不难，而家长总会做出一副得心应手的样子，详细讲解给孩子听。殊不知，这种做法进一步害了孩子。

还有的学生拿到一道题目时，想了好半天也想不出来，这时有人从旁点拨一下，就会做了！还有的学生考试时怎么也想不起来，一下考场，哎呀，想起来了！对于这些现象，好多学生都认为是只是"粗心"了一下，如果再试着琢磨一下，应该就能做出来的。而实际上，情况是这样吗？并不是这样。正是这些"粗心"检验出了你对概念掌握不够精通，理解不够深入，导致不能及时准确地解决题目，而这就是不会！是学习上的"盲点"，所以，在学习上，好多关键的"漏洞"就这样被"粗心"这个词掩盖了。

3. 生理方面的原因

有些孩子粗心的原因可能是由于其生长发育过程中存在一些生理障碍，比如，注意力水平差、视知觉能力发展失衡等。

第一，注意力水平差是造成粗心的原因之一。注意力差的孩子，当视知觉把收到的信息传递到大脑进行分析时，会因为干扰而出现错误、遗漏或遗失，从而出现粗心的问题。如果孩子从小就被大人宠着，学爬的时候怕碰着，学走路时怕摔着，就会导致那些应该发展的运动知觉都没有得到充分发展，以至于好多孩子上了小学后，不会跳绳，不敢走平衡木，不会抛球，不会翻跟头，身体的协调性差，肌肉力量不足，动作笨拙，不能有效地控制自己的行动，这些都妨碍了他们从外界获取有效信息，于是，许多感觉信息未能传达到大脑，从而出现"视而不见""听而不闻"的现象。因此，在计算和阅读时就容易出错。

第二，视知觉能力发展失衡也是造成粗心的一个重要原因。比如"把46写成64""总把十位数与个位数相加"……类似这些都与孩子的视知觉能力有关系。所谓视知觉能力是指眼睛能否做定点、动点的跟踪，就是常说的视觉集中能力。而每个孩子的视知觉能力是不一样的，但是如果一个孩子的视知觉能力达不到同龄人的水平，就容易出现上述的粗心现象。

三、解决对策

1. 正确认识粗心，要面对和正视几种误区。

误区一：认为孩子主观上不努力。

这是一种非常普遍的认识。大多数家长在孩子考完试后，不是拿着孩子卷子上的错题，与孩子分析错误原因，而是想当然地斥责孩子："你怎么就不能认真看清题再做，把加号看成减号去计算，不错才怪呢？"

其实好多家长不明白，某种程度上，这与孩子的学习能力发展失衡有关。也就是说，对于这部分孩子来说是很冤枉的，其实不是孩子不想做好，只是他们的能力达不到。在学校学习活动中，用得最多的就是视知觉能力。如果孩子在这方面有困难的话，就会出现诸如把数学符号、数字和字母混淆、图形混淆或者形近字、音近字不分等看似粗心的错误。但这与孩子的智力发育毫无关联。它只是由于孩子学习所涉及的心理机能缺乏或发展没有达到同龄水平，而无法掌握学校的学习环节，进而出现听、说、读、写、算以及更高层次的思维上的困难。但这些问题随着年龄的增加和问题的堆积，会逐渐影响到孩子的自信心和情感发展。

误区二：片面强调学习习惯，忽略具体的要求。

家长们大多都是一味地强调孩子要养成良好的学习习惯，而忽视了生活中做事的条理性。以至于好多孩子经常是作业堆了一大堆，一会儿写这门功课，一会儿写那门功课，或者是一会儿从前写起，一会儿又从最后写起。总之，当你问他写了多少时，他自己心里也不清楚写了多少，还剩多少！甚至哪门功课做完没有也不清楚，因为孩子的脑子里是一片混乱。这都与孩子没有这方面的训练有很大关系。

如果孩子在做事的过程中,学会了安排次序,能够把握好节奏,能做到有条不紊,那么他就学会了自立,自然形成一种习惯,在不自觉中,他就会把这种良好的生活习惯带到工作中。大家一定想象不出一个做事心不在焉的孩子,会把学习安排得井井有条。因此,家长要多给孩子做事的权利和机会,逐渐养成良好的做事习惯,这对学习是有促进作用的。

误区三:家长教养方式不当

小学五年级的星星,因为基础差,进而影响到口算等基础知识。为了提高他的成绩,他妈妈每晚都会多给孩子布置50道口算题。全部过关后才能睡觉。结果一个月后,事与愿违,不但速度没有提高,错误率没有下降,反而造成孩子一看见数学题就头疼眼花,甚至产生恐惧心理。

所以,家长过度单调的重复会引起孩子心理上的厌倦,从而让孩子失去学习的兴趣,欲速则不达。

2.培养孩子良好的学习习惯,提高学习素质

第一,培养孩子责任心强的好习惯。

责任心是做好一件事情的前提,可以说如果没有责任心,就不可能做好任何事情。因为只有有了责任心,才会认真、细致、谨慎。培养儿童的责任心需要从日常小事做起。比如,家长可以分配一些家务给孩子,扫地或洗碗,做好了给予鼓励或奖励,而做不好的话家长应要求他重做一遍,直到干好为止。因为这就是他的责任,他要负起责任来。就是这样,在日常生活中逐渐地培养起他的责任心。

第二，培养孩子生活井井有条的好习惯。

生活习惯是长期培养的结果。如果孩子长期生活在一个东西乱放，作息不规律，杂乱无章的家庭中，就会逐渐养成粗心、马虎的习惯。所以，家长一定要为孩子创造一种有规矩、有秩序的生活环境，比如，家里物件摆放整齐，有固定的地点等。这样对于培养孩子谨慎的习惯是大有裨益的。具体细节在后面的生活篇里再行叙述。

第三，培养孩子集中注意力的好习惯。

很多家长，只是一味地告诉孩子"不能看电视，不要玩手机"；而自己却总是在孩子写作业的时候，在哄孩子入睡的时候，在吃饭的时候，诸如此类的场合，看电视或者玩手机。家长的这些做法都会分散孩子的注意力，让孩子无法集中注意力在自己的事情上；有的孩子养成一边听歌一边写作业，或者一只手写作业一只手玩橡皮等；如此一来，久而久之，孩子就会养成做事心不在焉的坏习惯。对此家长可以通过一些活动来校正，比如，家长可以通过让孩子听轻音乐，让孩子盘膝而坐，凝视前方，等活动锻炼，使孩子集中注意力。

第四，培养孩子认真仔细的好习惯。

马虎，和孩子平时的习惯有关系，同时也和孩子的性格分不开，性格外向的孩子更易有马虎的毛病。因此，家长要帮助孩子改掉马虎的坏毛病，一方面要从平时的小事做起，比如写作业、考试等事情中；另一方面要注意性格上的引导与培养，教育他们遇事要三思而后行，认真、仔细。

要想在考试中有平常心，正常或超常发挥，就要在平时把写作业当作考试，那么在考试中自然会像是做作业一样轻松！举个例子：我曾经把

《学会跟孩子说话》这本书送给了一位来做过咨询的母亲,她的儿子是一个兴趣广泛、个性鲜明、积极向上的孩子。对于平时所学习的知识也能比较好的掌握,但是每次考试成绩却处于班级的中等或偏上。后来,在看过书的第二章,第一篇"粗心——最严重的也是最容易被忽视的问题"后,这位母亲给儿子讲了什么是"粗心",什么是"认真",使儿子真正地理解了这两个词的含义。2004 年的中考中,这个孩子超水平发挥,他的成绩比平时提高了 50 分左右,成了班级里排名前列的学生,并且顺利地考入外国语学校。

第五,培养孩子良好的心理素质。

心理素质,无论是在考前还是在考中,都是不可忽视的因素。良好的心理素质是孩子在考试中正常发挥甚至超常发挥自身水平的重要前提和保障。因此,平时,家长应该避免给孩子太大的压力,尤其是考前,家长应该避免给孩子定目标、定要求,否则会给孩子心理造成较大压力,影响孩子的考试心态。孩子只有保持轻松的心态,才有可能在考场上发挥出最好的水平。

我曾经带过一个学生,他叫强强,他是清华大学法学院的研究生。

今年他的女朋友考国家公务员,他去陪考,他的女朋友没有考取,反而他考取了公务员,强强的特点是基础知识扎实,在考试的时候特别会调整自己的状态,而且他的家长从来不干预他的考试,所以 2007 年公务员考试中他心态特别好,超长发挥,被录取了。

3. 建立错题本

除以上两种方法之外,我认为解决孩子粗心最有效的方法之一是建立错题本。让孩子以此来提高对粗心的重视和错误的认识,从而很快提高成绩。但我们有些家长却缺乏这方面的认识,没有意识到"错题本"是减轻孩子学习负担的"作业"!

(1)建立错题本的意义

从总结错误中,使概念得到巩固与提高。从本质上讲,学习的过程就是消灭错误的过程,解决概念不清晰的过程。先把错误集中起来,把平常作业中的错题、课堂练习中的错题、考试中的错题,凡是错题,都抄写到错题本上。在学习中犯错误都是正常的事情,犯错不可怕,可怕的是不知错、不改错。如果不及时纠正错误,那么这个错就会一直陪着你到考试,这个结果我想诸位早就都有体会。所以,聪明的学生善于总结经验,通过减少错误率,从而提高学习能力,同时提高考试成绩。

(2)建立错题本的方法

首先要将做错的原题写到错题本上,不要把原题抄错。将原来做题的过程抄到本上,包括错误的解题过程。其次,写出错误的原因。然后分析是概念问题,还是粗心问题? 是公式记得不牢,不会使用公式,还是计算的错误? 有可能是心理问题,也可能是生理问题,原因一定要查清楚,绝不搞形式主义,真正把原因搞清楚。最后,再把改正后的正确结果抄写在后面,如果有多种解法也写上。这个过程就叫"错误整理",不仅要分析错误的原因和种类,而且在错题数量到了一定数目的时候,还要分析各种错误现象所占的比例。了解自己犯错的规律和特点,是否有同一错误反复出现,又有哪些新的错误出现,以此来找出自己课业上的不足和空白。

错误整理的关键是每题必录，不管是什么原因造成的错误都要不厌其烦地录下来，错就是错，不分大小。且必须持之以恒地坚持下去。

（3）使用错题本的方法

如何使用错题本，也有个方法问题。根据自己记忆的特点，要做到经常翻阅错题本。每周或两周要重做一次错题本，考试前更应该重做错题本。刚开始因为真正粗心造成的错误会很多，但随着这项工作的深入，错题质量也会越来越高，相反数量会越来越少，更多是由于概念点和思路而引发的错误，是真正不懂的错误。同时，真正弄懂的，不再犯的错题就撕掉，这样长期下来错题将会越来越少，解题的信心也会越来越高，解题思路也会比过去灵活，解题的办法也会比过去越来越多。这样，你利用平时反复重做，自然会解决掉，到考试时自然不会再犯同一个错误。

我们还是从一个例子说起，当年有个学生叫小虎，在太原十中上高二，成绩不错，但还想进一步提高。要知道太原十中好学生有得是，在众多的高材生中想要更上一层楼，谈何容易！他问我怎么办？我从多方面了解他的情况后，给他制定了一个实施方案：建立错题本。

通过错题本的应用，后来小虎到高三时，已经成为班中拔尖的好学生，他顺利考入重点大学，后来考上北京大学的研究生，现在是有关卫星测绘图片方面的专家。

最后，我想强调的是，错题本的建立和实行，需要家长和孩子达成共识，共同坚持督促，不能出现半途而废的情况。同时，这也是一种个人毅力、耐心和信用的表现。只要你能坚持下来，善待每一个错误，你将很快会欣喜地发现,错误也会善待你,会成为你走向成功、走向自信的一条捷径。

※家长作业：

1. 孩子从小就那么磨蹭吗？

2. 走神儿的原因有哪些？哪些是因为孩子的,哪些是家长造成的？

3. 粗心是错误吗？粗心与没水准是一回事儿吗？

第二章　品质篇

　　但凡成就非凡的人，大多都有良好的生活品质。他们往往做事有条理、有计划，虽然事务繁杂，但他们都能安排得井井有条。相反，那些生活中总是手忙脚乱的人，工作上也必定杂乱无章。而一个具有高生活品质的人必定能在工作和生活中体验到快乐和幸福。

　　在本章，我们主要告诉大家：人们在生活中应该充满了真、善、美，但实际上，我们周围却有很多人在做着不真、不善、不美的行为，他们的不良言行直接影响到我们的孩子，使好多孩子从小就学会了撒谎、自私、马虎等不良品质，这些都是"品格缺失综合征"的症状表现。

　　所谓品格缺失综合征，指孩子在日常生活中表现出的单个或系列的人格、思想、精神等方面的不足之处。如，沉迷、自我、焦躁等；沉溺于游戏、手机、电视、网络，以自我为中心、唯我独尊、脾气大、容易激动、爱抱怨、心烦意乱、拜金、浪费等是其主要症状。而品格缺失综合征产生的主要原因是家长往往只关注孩子学习成绩的获得，总是忽视孩子品格塑造的重要性与必要性,严重影响孩子的健康成长。

第一节　撒谎

一、问题阐述

根据谎言的性质,谎言具体可分为有意谎言、无意谎言、善意谎言三种。

1.有意谎言

有意谎言是指有意识地说与事实不相符的话。大致可以分为两种情况,一种是为了掩饰不足或难堪,为了标榜自己而信口开河;另一种是为了洗白自己,或者猎取他人的利益而坑蒙拐骗。

> **重点提示:**
>
> 撒谎是缺乏信用的表现,也是生活品质不真的一种表现。

两种情况的本质其实是一样的,都属于有意谎言,第一种情况更多会让人们看到说谎者的虚伪、自卑,说谎者的诚信值、信任度都会在他的世界里大打折扣,从而降低了其在他人心目中的形象;第二种情况则会对他人的利益造成直接的损害,但是从长远来讲,终会自食苦果。

　　记得曾有一位同事,她生性要强、心胸狭窄,容不得别人比她强一丁点儿。于是,她会想方设法地和别人比高低,即便自身能力不及时,也不甘心认输,而是用美丽的谎言为自己遮羞挡丑。时间长了,她的虚荣心让她一次又一次地撒谎,而她也从撒谎中一次次地得到了内心的满足。于是她也养成了"永不服输"的个性,这里所说的"永不服输"不是针对事情,而是针对她身边的每一个人。

　　但是,世界之大,总有人比她强,直到有一天,她的谎言再也掩盖不住别人的光芒时,她恼羞成怒了,开始更进一步地撒谎,甚至不惜诋毁他人。就这样,她不但没有得到所期望的快感,相反却因为他人的不在乎令她陷入了更加烦恼的境地。从此,她一天天地不快乐,身体也每况愈下。用她自己的话说:"这几年是我最累的几年!我简直就要崩溃了!"

　　其实这种累不仅来自身体上,更重要的是,来自她一直难以平复的内心,而她却始终没明白,正是撒谎害了她。要知道,再高明的谎言也有被揭穿的一天。因为她不经意间流露出的肆无忌惮的谎言,让别人认清了她,远离了她。而她自己却在自己苦心经营的谎言世界里,痛苦不堪、难以自拔。最终不得不痛苦地挣扎在自己营造在谎言世界中难以自拔……

从以上例子我们不难发现,一个人如果从小就养成撒谎的坏习惯,随着年龄和阅历的增长,他的人生会更痛苦!正如著名诗人海涅所说,生命不可能从谎言中开出灿烂的鲜花。

2. 无意谎言

无意谎言多指两岁到 6 岁小孩子说的话。因为他们的心智发育不成熟,还不足以准确地表达所思所想所见。比如说,两岁的孩子会告诉父母:"我刚才看见有个叔叔来了""他多大了""60 岁",其实这位男士也许只有 30 岁,但孩子因为对年龄没有真切的认识,所以往往表述不清,而这种行为却不能表示孩子在故意说谎,只能说明是一种年龄认识上的差距。这类谎言是可以原谅的,是可以随着年龄、见识的增长可以改变的。

一位妈妈讲了这么一件事情,有一天她去幼儿园接女儿洁洁,小朋友告诉她:"洁洁说你过几天带她去迪斯尼玩。"妈妈觉得特别奇怪,后来一想,原来我说过下星期去香港开会,到时可能有机会去香港迪斯尼乐园玩玩,当时洁洁听到了,可能也想去才这样说的。事后她告诉女儿,现在学点知识,长大后有了本领就能自己去想去的地方。第二天,洁洁就告诉小朋友:"我学了本领,以后自己去迪斯尼。"

其实,洁洁的撒谎就属于一种无意的谎言。洁洁想跟妈妈去迪斯尼,只是表达了她非常想做的一件事,由于孩子的心智还未发育成熟,容易把想象的事说成是马上要做的。遇到这种无意的谎言,最好不要在孩子面前冠上"说谎"二字。为了减少这种无意的说谎,家长要认真倾听孩子真正的要求,有针对性地帮助孩子区分想象和现实的不同。

3. 善意谎言

善意谎言即出于好意的谎言,不但对他人不会造成消极影响,很多时候还能够带来积极的影响。那么,善意谎言通常发生在什么情况下呢?

(1)灾难、危险的紧急关头,撒谎可以避免灾祸,又无伤大雅。在这种情况下,是可以说谎的。比如,在遇到抢劫等危险情况的时候,不要呼喊"救命啊",而是要呼喊"救火啊"。因为当听到有人喊"救火"时,人们出于一种救助他人的潜意识,赶往喊叫地点;而喊"救命",人们听到后,考虑到救人会发生危险或者遭到报复,或者考虑到好心不得好报,或者遭到报复,犹豫之后可能会选择不救。明明需要救命,却呼喊"救火",虽然也是撒谎,但可以有效避免危险,这个谎言值得提倡。

(2)出于对他人的关爱,消除或者缓解他人的恐惧、痛苦等消极的感受、情绪,在这种情况下,是可以撒谎的。比如,对于癌症患者,尤其是心理承受能力不强的患者,如果将病情据实以告,或许会给患者造成心理负担,因此,出于对患者的关爱,亲朋好友会选择对其说谎,这也是有利于治疗的。又比如受了身患重伤的丈夫为了避免妻子太担心,对妻子说一点不疼,等等,类似的谎言是被人们理解的、接受的,甚至是提倡的。毕竟,这些谎言对社会而言都是没有坏处的,因为它们的出发点本身是好的,结果也往往是利人利己利社会的。

二、原因剖析

谎言通常是用语言虚构、编造事实来掩饰自己真正意图的欺骗行为，是一种无法忍受的道德问题，因此，常常受到斥责。如果孩子从说谎的过程中尝到了甜头，便很容易一发不可收拾，最终沦为缺乏诚信的人，这是任何一个家长都不愿看到的。所以，家长要正视孩子的谎言，并能准确分辨。那么，究竟是哪些原因导致小学生说谎呢？

1. 家长教育方式不当

哲人罗素说过，孩子不诚实几乎总是恐惧的结果。孩子考试不好，害怕家长责罚，于是，自己擅自改分数，或者说卷子丢了，家长这次选择了相信。孩子觉得这样可以蒙混过关，一而再再而三，屡试不爽，长此以往，也就觉得撒谎不过如此。等到家长发现真相的时候，部分家长又不分青红皂白，动辄就劈头盖脸地骂一番，拳打脚踢地揍一顿。家长不能平心静气地教导孩子，不能对孩子科学地循循善诱，孩子又怎么能正确看待谎言这种行为，更别说改了。

2. 外部环境影响不良

小学生大都有好胜心理，在竞选班干部、小组长时，孩子为了让自己处于有利的竞争优势，往往选择撒谎，既能达到自己的目的，又能成为炫耀的资本，何乐而不为呢？再者，周围伙伴也会潜移默化地影响小学生的行为。例如，小阳明明刚看到小红整理过书包，带着三支崭新的铅笔，可笑笑向小红借笔的时候，小红却说她只有一支。小红是班干部，也深受老师的喜爱，小阳对此行为感到惊讶，但最后很可能把其行为合理化并接受,当别人找其寻求帮助的时候,也撒谎拒绝。

3.孩子本身的原因

小学生虽然还处在成长的阶段,但是已经具有一定的辨别是非的能力,对于自己因难于自控而犯下的错有一定的判断,但又害怕受到批评与责罚,会想方设法逃避真相,推卸责任,撒谎便是一个最简单、最容易的办法。比如,一些孩子学习懒散,没有完成作业,但又想出去玩耍,便骗家长作业已经写完了。

孩子为什么爱撒谎呢? 那是因为孩子从谎言中暂时得到了乐趣、利益,从而维持他继续撒谎的行为。人类都是会撒谎的,这是人类的本性、共性。人最可怕的就是对自己撒谎,既欺骗别人,又欺骗自己。正如"骄傲使人落后",撒谎一样会让人落后,让自己不清醒。因为当你从微不足道的欺骗中获得短暂的快乐或喜悦后,就会进行更大的欺骗。久而久之,你的双眼被蒙蔽了,就表现出对自己的不真,当你看不到这个真实的世界时,你还有什么行动力和创造力呢? 你还希望从这个世界中得到些什么呢? 所以,人最怕的就是对自己撒谎。

很多孩子总在欺骗父母、欺骗别人、欺骗自己。那是因为孩子们并不懂得撒谎的危害性。因为撒谎,很多人即使活了一辈子,也没活明白。因为他已经习惯于拆了东墙补西墙,他把撒谎已经当成了生活的必需,变成了一种习惯行为。正因为长期习惯于欺骗别人,欺骗自己,他的道路才会越走越艰难,直至走不下去。

孩子们并不懂得,撒谎无异于给自己成长的道路上设置了一大障碍,又好比给自己头上扣了一个屎盆子,不仅影响美观,而且令人作呕。

当然,少年儿童撒谎不能简单地认为是道德品质问题,但也要引起足够的重视,否则很可能发展为冲动控制障碍,甚至会继发出现逃学、盗窃等反社会行为,从而走上犯罪道路。

2002年3月的一天,一位名叫楠楠的北京初二学生来到太原。她的家境非常富有,不仅父母娇惯,而且周围人也娇惯她。这个孩子每月的零用钱竟然高达近2000元。在生活上自由散漫,爱吃零食、上网、乱花钱,没有节约意识,钱花完了,就向家里人要,如果父母不给,就编故事说谎话。父母再不给钱的话,就把家里的东西拿出去卖。学习目标不明确,学习态度不端正,上课不是睡觉,就是写情书,考试作弊,成绩都是不真实的。

因为她从小在私立学校上学,有钱人家的孩子较多,因此和周围的孩子养成了互相攀比的不良生活作风。由于孩子成熟较早,从小学时就开始谈情说爱,到了初中,已经发展到不仅在班里谈,还与社会青年来往密切。每天只想着怎么打扮,怎么美。如果一个女孩子每天只想着这些的话,那么她的问题就相当严重了。当时的楠楠像一匹脱缰的野马,心太难往回收了!因为你要管她嘛!于是,她和父母的冲突日益尖锐,无奈之下,父母只好把她送到了太原。虽然父母只希望她将来人品好就行,但我认为这还远远不够,一定要让孩子在学习和做人两方面都能有所进步。

通过半个月的观察,终于发现了这个孩子的毛病,一是学习基础太差,需要从小学一年级的课程重新学起(进度可以快些);二是毛病太多,需要重新树立好的生活品质,比如,特别要改掉爱撒谎的毛病。所以,把她带到乡下半年,双管齐下,从学习和生活品质上对其进行教导。开学后让她在太原一所中学重新读初中一年级。令大家高兴的是,2002年9月底的一次学校考试中,楠楠的数学考了100分,当时班里考100分的也就是几个人,这是她有史以来第一次凭借自己力量得到的满分,不是抄别人的,为此,她高兴得心花怒放。这次考试大大增强了楠楠的自信心。经过和我几个月的朝夕相处,楠楠爱撒谎的毛病也彻底改掉了。我的教育方法是:首先能主动关心她,以身作则,能够真诚地对待她。慢慢地,她也懂得了主动关心别人,知道自己的事情自己做。

其实每个孩子都有一颗积极向上的心,只要你真心关爱孩子,真诚地与她做朋友,真心爱护她,她一定也会真心爱你、关心你。正因如此,楠楠来到太原以后,再也没有撒过一次谎。

三、解决对策

一般而言,儿童撒谎与家长不科学的应对策略有很大关系,那么,当家长发现孩子出现撒谎行为时,该怎么办呢?

1.避免当众指责或教训孩子的说谎行为,应另找合适的时间或场合与孩子交谈

孩子说谎一定是有原因的,因此家长一定要透过说谎的现象,具体了解孩子说谎的原因,探求孩子说谎的根源,从而彻底解决孩子说谎的问题。同时,对于不同年龄孩子的说谎问题,家长应分情况对待。比如,对于年龄比较小的孩子,说谎主要是由于孩子不懂想法与现实的区别,将心中所想当作事实。因此,家长一方面应该积极了解孩子的内心诉求,并促使孩子的内心好的诉求变为现实;另一方面应该耐心教育孩子,告诉他内心所想不等于现实,避免孩子将内心所想与现实混为一谈。

2.尽量包容、鼓励、奖赏孩子说真话

很多孩子说谎是因为说实话会被惩罚,或者家长对孩子的要求太过苛刻等等。对此,家长首先应该容许孩子犯错,对于孩子犯错,应以教育为主,惩罚为辅,以此,消除或者缓解孩子说真话的恐惧,增强孩子说真话的勇气。

3.家长应以身作则,为孩子树立好榜样

家长是孩子的一面镜子。如果想让孩子树立诚实的品质,不撒谎,家长首先要以身作则。试想,家长自己都做不到的,又有什么资格要求孩子做到呢?孩子又怎么会真心服你呢?当然,家长还要教导孩子认识和适应社会,学会正确处理人际关系,区分交际语言和说谎的不同。

家长要明白,撒谎的危害性、重要性、客观性。别怕孩子的谎言,可怕的是没有对待孩子撒谎的正确心理。

第二节　自私

一、问题阐述

为什么自杀、自残、自虐的孩子越来越多?甚至年龄越来越小?就是因为这些孩子不会爱别人,更不懂得如何爱自己,因此,自杀可以说是一种典型的自私现象。深究其缘由,可以说是生命教育的缺失;家长的溺爱娇宠,使孩

> **重点提示:**
>
> 自私就是基于个人的利益而罔顾他人的行为,是生活品质不善的表现。

子变得以自我为中心，孩子不仅越来越情绪化，也越来越冷漠，自然也就越来越自私。

当然。不能说自私是罪恶。自私之心，人皆有之，但是其程度不同，影响不同，性质就会不同。一个人太自我的话，别人就不喜欢你，也不会支持你。我们都知道，一撇一捺才是"人"，所以，人是需要相互支持的。而自私则是万恶之源，贪婪、嫉妒、报复、吝啬、虚荣等病态社会心理从根本上讲都是自私的表现。

有个初中男生美术制图技术很高，可他却一直不愿参与班级事务，为班级出力的事情几乎不参加。

这位男生的父亲是某高校的博导，母亲也是一名资深设计师，平常非常忙碌，几乎只能在晚饭时一家人才能碰个面，吃完饭后父母又各自忙自己的事了。父亲与他相处的事大多是金钱交易模式，如考85分以上奖励300元，90分以上奖励500元，家长被老师叫到学校反映问题，一次扣200元零用钱。当然父亲也给儿子开设了一个挣钱的渠道，当他帮别人画图纸忙不过来时，就让儿子帮着画，每次按工作量付给儿子酬劳。

一次，学校开展黑板报评比，老师知道他美术功底非同一般，就让这个孩子与同学一起制作黑板报，但他不愿意参加这种没有报酬的事情。最后没有办法，班主任给他下了最后通牒，"威胁"他如果不参与板报组的话，他就必须负责一周包干区的卫生，这个男孩两相权衡后选择了前者，最终他们的板报获得了一等奖。可是看着到手的奖状，老师却高兴不起来，她困惑：只有13岁的孩子，居然如此功利。很难想象以后他的人生该是怎样的情形……

二、原因剖析

自私就是极端自我的一种表现。表现在做事情时，不会与人打交道。但我们家长在教育孩子时，凡事都以孩子为中心，让孩子从小就误以为自己就是中心，所有人都必须围着他转。可往往令大人费解的是：孩子的自私行为是谁教他的？但小孩子的自私是最敢于自我宣布的，如：有大小苹果，小孩子可以大声说："我要那个大的"，让你觉得他直率得可爱，不以为错。其实，就是这些不以为然的细节中让孩子自私的心不断膨胀。如此一来，孩子从小就没有大局观念。试想，这种以自己为中心的孩子将来还能有什么发展吗？因为不懂得关心别人，更不需要感动别人，于是就不会表现出应有的创造力，就不会表现出上进。

而现实生活中，家长在感叹孩子自私的同时，有多少家长能意识到孩子的自私其实是自己造成的呢？

很多家庭中，父母乃至爷爷奶奶，对孩子的爱不仅很多，而且可以说是无条件的，任何好吃的、好玩的都给孩子，可谓是有求必应，只要孩子高兴，不舍得让孩子受一点点委屈。长此以往，孩子就会误以为好东西理所当然就应该是自己的，总是把自己以及自己的需要放在第一位。甚至在有的孩子眼中，妈妈犹如自己的"老妈子"，是专门伺候自己的，他们对妈妈颐指气使、呼来唤去、毫不尊重，更不用说体谅妈妈，减轻妈妈负担了。

也有个别妈妈本身就很自私，为孩子自私播下了种子。比如有的妈妈为了自己的孩子在幼儿园里不吃亏，就告诫孩子："发吃的东西时，一定要挑大的。"上公共汽车也让孩子抢先占座位，看见老人视若无睹，还告诉孩子说："一样买票，为什么要把座位让给他。"还有的妈妈自己不孝顺长辈,与邻里整天斤斤计较、不相往来,都会在孩子心中打下"只关心自己,不用管别人"的烙印。

所以,在特训营中,我发现孩子们刚来时表现得都比较自私,吃苹果拣好的,吃鸡蛋挑大的,不懂得谦让,从不考虑别人。但我告诉他们,人要懂得谦让,谦让是一种好的品行,是高素质的表现,慢慢地孩子们学会了发扬风格,懂得让别人。因为小学阶段,孩子还能听得进去道理,并且能很快养成习惯。如果等孩子到了中学再教这些,他们会有一种被强制的感觉,会觉得家长烦,这点小事你也管! 所以说,良好的品行应该从小学生抓起,从小养成良好的生活习惯,将来他想变坏都难。

三、解决对策

那么,怎样才能防止孩子养成自私的毛病呢?

1. 父母身教,重于言教

有这样一则笑话:一对夫妇对儿子千般呵护,而对父母万般挑剔,某一天,这对夫妇对父母的恶劣态度被儿子看到了,其子大声叫喊,"我记住了。"其父母问他记住了什么,其子说"我记住了你们怎样对待爷爷奶奶,看我长大后怎样收拾你们。"父母哑然。可见,父母的言行对孩子的影响是何等"有效"。

家长是孩子的启蒙老师:"勿以善小而不为,勿以恶小而为之。"就是在告诫家长注意自己的一言一行,你在做,孩子在看,也在学。

2. 有节制地爱孩子,避免溺爱

孩子在幼年时最关心的恐怕就是吃的东西,为此,我们首先要在吃的东西上实行一种"平均分配制度"。"这两个苹果,一个是你的,一个是你奶奶的。"一个善于教育孩子的母亲经常这样告诉自己的女儿。时间长了她的女儿就养成了一种良好习惯,不管什么东西,自己拿一份,也要留给别人一份,不是什么事情都只想着自己。

在家庭里,孩子应处于受教育的地位,衣食住行玩都应该由家长根据他们的生理和心理特点,进行合理的安排,切不可迁就他们的不合理要求,就算是合理的要求,亦不可百分之百给予满足。

3. 要教育孩子学会关心别人

一个人不懂得关爱他人,同样是自私的一种表现。在孩子成长过程中,必然会造成性格缺陷,无法与社会和谐相处。

美国儿童心理学专家劳伦斯·沙皮罗认为:"当无私善良成为一种习惯时,你将发现孩子们会不满足于这些,而且会去做更有利于他人的事情。"孩子如果主动为别人做事,如坐车时为老弱病残让座等,父母要及时表扬。如果家长能在孩子刚懂事明理的时候就引导他给别人做一点好事,使其渐渐养成为别人着想的习惯,那么,宽宏无私就会代替狭隘自私。

一仅此,要教会孩子关心别人,就要加强在日常的教育中,注意从生活的细节中培养孩子无私善良的习惯。

4.学会做家务

建立一种近似平等的关系,让孩子做一些力所能及的家务活,使孩子懂得自己在家里的权利和义务,家庭中各种事情要分担共享。在这个过程中,既能培养孩子的独立精神,又能让孩子得到帮助别人的快乐,不仅会享受劳动成果,更懂得劳动成果的得来是需要付出的。

第三节　马虎

一、问题阐述

马虎具体表现为做事漫不经心、不细心不踏实、生活无序等。在我与学生的接触中,我发现孩子们经常患有马虎的毛病,如吃饭掉米粒、洗碗洗不干净、起床不叠被子、出门忘带书本等等。

> **重点提示:**
> 马虎是生活品质"不美"的一种表现。

二、原因剖析

孩子马虎毛病的形成,主要有以下三方面的原因:一是孩子年幼时偶尔的马虎现象被忽视,更没有得到及时的纠正,日积月累,最终发展成为马虎的毛病;二是孩子本身缺乏责任意识以及强烈的责任感,甚至总是应付了事;三是孩子自身的能力有限,无法很好地完成任务。因此,在一定程度上,可以说马虎是能力不够、责任心不强的表现。

　　以做作业为例,有的孩子明明很认真地在做,可是完成之后,还是会有很多错误;有的孩子为了能够尽快出去和小伙伴玩耍,于是抱着一种敷衍了事的态度将作业完成,自然会有一些算错写错甚至漏写的;当作业很多的时候,也是孩子最容易马虎的时候,面对超负荷的作业,孩子不加快速度就会做不完,于是急急忙忙中自然难免丢三落四,错误迭出。

　　实际上,不论孩子聪明还是笨拙,身上都会存在不同程度的马虎。在日常生活中,我们要注重培养孩子细心认真、不马虎的品质。对于自己常用的书籍、钥匙、常备药、剪刀等,使用完后要及时放回原处,这样,下次使用时,就可以毫不费力地找到。当习惯养成后,生活就会变得井然有序。也许有人会感觉太麻烦,但是如果养成这个习惯,于人于己都是很方便的。如果东扔西放,就等于把东西藏起来,不仅别人找起来不方便,恐怕就连你自己找起来都会费时又费力。

当然，还有一个非常重要的原因，就是打多时候，孩子不会因为自己的马虎而受到惩罚，经常是家长来收拾马虎后的后果。比如，孩子去学校忘了带课本，一个电话就让家长风风火火地把书送到学校。长此以往，孩子的心理会产生一个印象，就是不需要自己检点操心，事情也会被处理好的。所以，就养成了一种散漫缺乏责任心的状态。

三、解决对策

那么，家长应该怎么办？

一方面，要从生活中的哪些细节上培养孩子细心的习惯！

第一，吃饭时，要求孩子避免撒漏食物或汤水，掌握夹菜端菜的技巧。

第二，睡觉前要将衣物折叠好有序放置，起床后自己叠被子。

第三，打扫卫生时，要稳要细，切勿贪快。每次打扫完卫生都要检查，甚至要用手摸一下，检查孩子擦过地方是否没有灰尘了，同时进行评比。

第四，个人要养成良好的清洁卫生习惯，洗脸刷牙的顺序、位置、方法都要完成充分。

第五，坚持孩子能干的事情要让孩子完成的原则。比如孩子自己的衣服自己洗，孩子自己的东西自己拿等。

第六，上街时，让孩子给广告牌挑错。看广告牌上的汉字、拼音、英文是否有错误，错在哪儿。

第七，可以带孩子去农村体验生活，教给他们怎样劳动，怎样使用铁锹等劳动工具，让孩子在好奇的同时体验劳动带来的乐趣。

通过这些生活中的点点滴滴，可以帮孩子养成细心的习惯，既能解决生活中的问题又能解决学习上的粗心。

另外一方面，就是要让孩子勇于承担自己的失误。

帕克出生于一个学者家庭，从小就接受父母严格的教育。他是家中唯一的男孩儿，还有三个姐妹，但父母从来不溺爱他。孩提时经历的一件事情让他终生难忘。

一次，全家去野营。父母为了培养孩子相互照应的团队精神和动手能力，要求每个孩子为大家准备不同的东西，每人一份。有人负责准备三明治；有人负责准备床具；有人准备饮用水；有人准备药品。母亲说，如果哪个孩子少准备了一份，那么他自己就不能享用到他应有的那份。帕克负责准备饮用水，可是因为粗心大意，他少准备了一份。在那次野营途中，他口渴难忍，向父母要水喝，但遭到拒绝。他向姐姐请求，母亲在旁边严厉地说，"说不行就是不行"。果然，他愣是一口水没喝上，渴得几乎晕倒。帕克开玩笑说："到现在我还恨我姐姐，她完全可以背着母亲给我水喝。可是话又说回来，因为有了那次教训，从此我养成了办事认真严谨的作风。我真要感谢我的母亲。"

真正懂教育的父母是非常在意细节教育的。帕克长大后，成了美国的教育家。

帕克父母的教育方法是不是太"死板"和"残忍"了？帕克说，他原来也这么认为。他父母事后向他解释了这么做的几点考虑：一是有益于培养孩子为他人着想的品质，让他们明白只有首先"我为人人"，然后才能"人人为我"的道理；二是让孩子知道，每个人都要为自己的失误付出代价,并学会从失误中吸取经验教训;三是帮助培养孩子谨慎认真的作风;四是父母说话要算话,否则今后就没有了威信。

在现实中经常出现的问题是,即使让孩子承担由马虎带来的麻烦或后果,也还是没有办法让孩子得到促进和教育。那么,就需要家长和孩子双方制定一套惩罚规则了。规则的目的就是放大孩子马虎带来的痛苦。比如扣除孩子的零花钱,取消一次事先约定好的游玩,或者做出一周不能玩电子游戏等。换句话说,就是让孩子真正难受一次,往往这样才可以让孩子更有记性。

当然,即使和孩子制定了规则,最大的挑战仍是对孩子处罚的不算数。那么,就请家长能够狠下心来,坚持把事先规定的处罚条例执行完毕。否则,后患无穷!

※**家长作业:**

1.你的孩子有撒谎、马虎、自私的现象吗?

2.你认为撒谎、马虎、自私本质上是什么问题?

3.总结一下,你以往失败的经验,并确认以后的做法!

第三章　生理篇

无论做任何事情，都需要拥有一个健康的体魄。小学生所处的阶段，正是长身体、打基础的关键时期，有一个良好的饮食、睡眠规律是非常重要的。

但是，由于近年来，人们生活节奏的加快，餐饮业的不断发展，人们的精神压力也越来越大，好多人都处于亚健康状态，心脑血管、糖尿病等现代富贵病也开始光顾更多的年轻人。其中不乏好多年轻的家长，他们的生活已经变得非常"现代化"，在家做饭的次数越来越少，动辄就带孩子下饭馆。殊不知，小学生正处于生理成长的高峰期，其身体要经受三方面的消耗——长身高需要能量、自身活动量大需要能量、大脑发育需要能量。而相对于成人来说，小学生更需要在饮食上科学地补充营养，但饭店的饭菜却未必能做到这点。再加上孩子们的课业负担，造成孩子们的活动量越来越少，该消耗的能量消耗不掉，该补充的营养补充不上，所以，我们的孩子不是"豆芽菜"就是"小胖子"，才会出现有的孩子在学校上操时会晕倒、多数孩子体育课不能达标的现象,更多孩子甚至不会玩跳绳、不会踢毽子等既锻炼身体又训练肢体协调能力的传统游戏。因而从这方面来说,没有良好的生理习惯,就不会有良好的学习习惯,就不会有健康的生活方式,更不会有美好的未来。

所以说,吃好、睡好、玩好对小学生来说是非常重要的,因为人的身体是物质的,只有保证这"三好",才能保证孩子以健康的身体和充沛的精力投入学习中,才能做到"学好",这就是所谓的"三好保一好"。

第一节　饮食

一、问题阐述

如今,虽然家长无微不至地照顾孩子,但不少小学生的饮食依旧存在着一些营养问题。

1. 家长们往往容易忽略孩子早餐的营养摄入

> **重点提示:**
> 合理的饮食是保持身体健康的基础。

许多小学生家长由于自身原因,经常不给孩子做早餐。即使做了,也是随意应付,或者外出早点,往往导致早餐营养不达标。其实,对于正在长身体、身心消耗巨大的孩子来说,没有营养的早餐,会严重影响孩子的身体发育和学习效果。

有一次，我家里来了一对母女，女儿婷婷上初一，妈妈说："孩子上课精力总是不集中，尤其是上午 11 点多，孩子上课总走神儿。"孩子的妈妈请教到底怎么能使孩子不会走神儿，听她此言，就问她："孩子吃早餐吗？"

妈妈说："吃，我们早上没有吃早餐的习惯，但我每天都会给她钱去买早餐吃。"

我问婷婷："那你的早餐都吃些什么，确实落实到肚子里了吗？"

婷婷答道："有时候时间来不及就不吃了，下课时饿了就去学校附近的小卖部买点小吃。"

看来问题的关键就在这里。孩子的早餐质量太差，给你开个早餐食谱吧！回去坚持这样吃，婷婷的走神儿一定会改善。就这样，给婷婷提出，按以下方式吃早餐：

每天早晨必须保证喝半斤牛奶、一颗鸡蛋、抹了黄油或果酱的主食面包，可加适量的小菜，饭后再吃一根香蕉。

如此营养配餐一周后，婷婷妈妈高兴地打来电话说，孩子的走神儿现象真的没了!

2. 摄入过度的垃圾食品和饮料

许多包装精美的小吃,以及风靡各地的方便面,还有花花绿绿的饮料,不仅是小朋友的巨大诱惑,更是孩子健康的隐形杀手。经常听说从不喝水只喝可乐的孩子出现许多身体疾病的案例。造成这些状况的原因,很多是由于家长错误的认识造成,以为是高大上的生活方式,其实不过是最低级的选择。

3. 用餐地点大多存在问题

近年来,校外流动摊点成为很多学生的最爱。每到放学时间,流动小吃点就会包围学校,这些小吃点卫生条件差,设备简陋,贩卖的也是一些烧烤、煎炸、刺激性等"垃圾食品",若长期在这些摊点进食,非但不会摄入营养,反而很容易得肠道病及传染病等,威胁学生的身体健康。

二、原因剖析

俗话说,病从口入。孩子营养不均衡大多与不健康的饮食行为习惯有关。一方面,每个孩子都有自己偏好的口味与食物,例如有些孩子无辣不欢,不喜欢吃口味清淡的食物;有些孩子爱喝可乐、爱吃零食;有些孩子喜欢吃荤不喜吃素,一天吃五六个鸡腿也不能解馋,但对青菜、胡萝卜这些绿色蔬菜却置之不理,即便家长想方设法地哄着吃,也无动于衷。长此以往,营养摄入结构就会出现不均衡,导致孩子对蛋白质、脂肪酸、钙等营养摄入不够的现象。

三、解决对策

那么,家长如何提高孩子的营养摄入呢?

1. 搭配营养配餐

对于营养配餐,可能我们国家大多数人们不太讲究,一般只有医院、幼儿园等地方才会这样做,而平常儿童、老年人、各种不同职业的人群大多没有营养配餐。这与人们的饮食习惯有很大关系。

早期教育专家蒙台梭利对儿童的膳食有非常不错的建议。对于刚入学的孩子来说,脂肪、糖分(淀粉)、蛋白质是饮食中最基本的三种物质成分。各种食物中所含的营养成分并不会完全相同,蛋类食物富含蛋白质,蔬菜则富含维生素,没有一种食物能够包含所有营养素。因此,儿童饮食中应广泛采用多种食物,其中,谷类食物应是儿童膳食中最重要的组成部分。因为谷类食物中含有碳水化合物、蛋白质、膳食纤维和 B 族维生素等营养素,是人体能量的主要来源。

孩子吃早餐的时候,宜选用一个煮鸡蛋、一杯牛奶,或者是加牛奶的大米粥、黄油面包、香蕉等。中午、晚餐就可以按大人一样用餐,主食米饭或面食都可以,两菜一汤或稀饭也可以,两菜一种最好是素菜或者是青菜;另一种是肉类或者是鱼,最好给孩子吃鱼,再给孩子吃些生菜。(例如:黄瓜、西红柿等)洗干净后凉拌着吃。

2. 选用不带刺激性的饮料

儿童可以适当喝些饮料,但不能常喝。饮料中糖分很多,会产生大量热量,容易导致肥胖,尤其是可乐一类的碳酸饮料,对身体的危害更大。

碳酸饮料中含磷酸,而大量摄入磷酸会影响个体对钙的吸收,引起钙、磷比例失调。对于身体发育处于关键期的青少年来说,缺钙会导致骨骼发育缓慢、骨质疏松等严重后果,资料显示,长期大量饮用碳酸饮料的青少年发生骨折的概率比其他青少年高出三倍。除此之外,大量饮用碳酸饮料也会给肾脏造成负担、增加得糖尿病的风险,也会对牙齿带来腐蚀。

3. 食用新鲜水果

从2000年到2004年的4年间,来我这里接受训练的孩子,我都会对他们进行严格的营养配餐。除了上面讲过的早餐食法外,每天午餐和晚餐四个菜,有荤有素,午睡起床后必须保证吃水果,而且一定要落实到肚子里。

所以,当时一年级的男孩儿飞飞刚来时,连阳台门都推不开,甚至都不能连续站3分钟,体弱多病,经常影响学习,自理能力太差,整个人软绵绵的,胆子小,反应慢,被学校老师公认为是个笨孩子,因而造成这个孩子性格非常内向。对于这类孩子,首先,要对他搭配合理的饮食,不要挑食,同时对他母亲进行培训。其次,让他加强体育锻炼。这样,经过两年寒暑假的训练后,孩子身体增强了,也变得有劲了,像个男孩子的样子,胆子变大了,性格也开朗了许多。

而另一个叫虎儿的孩子,刚来时 9 岁,总喊腿疼。后来经过了解,孩子出生时,脑部受损,以至于孩子智力发育有些障碍,各方面能力都很差,孩子从小就胆小。对虎儿这类孩子,除了营养配餐外,还得额外补充多种维生素,晚上睡觉时,会给孩子按摩腿部。这样经过 4 年的寒暑假和经常晚上的辅导后,后来孩子的协调能力大有提高,语文、数学等科目均能取得 70 分以上,学习基本能跟上同学了。

4. 培养良好的饮食习惯

在日常生活中,家长要重视培养孩子良好的饮食习惯,注重细节。家长要尽可能不要让孩子吃零食、喝饮料,适当给孩子吃点粗粮,不要让孩子吃得太饱,否则,身体中的血液都去忙着消化那些食物了,大脑会出现供血不足,时间长了,会影响孩子的身体和学习。

第二节　睡眠

一、问题阐述

小学生的睡眠时间是有要求的。但是,现在的小学生大多做不到这点,为什么呢? 不是因为作业太多,就是孩子从小没养成良好的作息习惯,计划性不够好,做事效率太低,从而耽误了时间,影响了睡眠。教育部对中小学生睡眠时间有明确规定:小学生睡眠时间应超过 9 小时,初中生应达到 9 小时。但是,相关调查数据显示:我国

小学生平均每天睡眠时间为 9.03 小时,其中,66.6% 的小学生睡眠不足 10 小时,7% 的小学生睡眠不足 8 小时;10.7% 的小学生回答自己"经常"或"有时"出现"听课和写作业时打瞌睡的情况",有 35% 的小学生回答"经常"或"有时"感到"身体疲乏"。

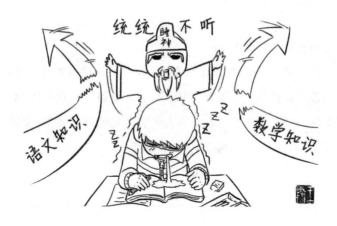

由于睡眠质量不高,很多学生容易感到头晕恶心、总想吃东西、忘性大、与人交流对话跟不上节奏、白天没精打采、注意力不集中、精神恍惚、记忆力下降等问题。研究人员对实验鼠进行的一项研究显示,睡眠不足会损害记忆力。在研究中,实验鼠连续 72 小时不睡觉,结果显示,缺乏睡

眠会使压力激素在实验鼠大脑"海马区"聚积,进而阻碍新的记忆细胞的生长。专家指出,长期睡眠不足,将带来一系列的肌体损害,如眼睛疲惫、神经衰弱、食欲不振、血压异常、思考能力减退、免疫功能低下等。因此,足够的睡眠对少年儿童的成长发育尤其重要。

二、原因剖析

那么,是什么在侵蚀着孩子们的睡眠时间呢?导致孩子睡眠不足的原因是多方面的,一方面来自学校,比如,学校作业布置不合理,没有结合学生学习的实际情况,各科作业内容过多或者超越孩子的学习能力范围,导致做作业时间延长。又如,学校要求到校时间早,有的小孩家校距离过远,往返于学校与家的时间比较少,于是为了按要求的时间抵达学校,不得不早起床,睡眠时间因此压缩。另一方面,来自家长,父母希望自己的孩子出类拔萃,这无可厚非。他们一看到孩子玩耍,就觉得孩子学习时间不够紧凑,总觉得孩子的题做得不够多,课上得不够好,于是额外地给孩子报校外班或请家教,来帮助自己的孩子学习更上一层楼。初衷是好的,但却使孩子产生了厌烦心理,也影响了孩子原本的生活节奏,睡眠也受到影响。当然,除了家长和学校方面的原因,与孩子本身也有关系。孩子学习本身不好,做作业的时间耗费太长,影响睡眠。另外,有些孩子学习习惯不好,做作业拖拖拉拉,写一会儿玩一会儿,快到睡觉时间了,发现作业还是没写完,也只能熬夜完成。

三、解决对策

1. 重视睡眠质量

对于小学生来说,学习固然重要,分数固然重要,但这并不意味着要以牺牲睡眠时间来获取高分。只有保证足够的睡眠，才能提高学习效率，才能让学习持久有效。

第一，睡眠可帮助大脑细胞充分发育，提高记忆力。

孩子从出生到13岁，是其生理发育的最高峰，儿童的脑重量也是通过这段时间才逐步接近成人的（成人平均脑重量为1400克）。生理学研究材料指出：新生儿脑重量约为390克，相当于成人脑重的三分之一，9个月增加到660克，3岁约为900～1011克，7岁为1280克，9岁为1350克，12岁约为1400克。由此可见，小学正是儿童大脑迅速发展时期。脑重量的增加是和脑神经细胞的增大，脑神经纤维的增长相联系的。

睡眠质量改善，可以有效提高记忆力。因为在睡眠中，孩子整个身体是不受力（指地球引力）的，脑细胞会充分发育，个子也会长高。所以，无论对孩子的生理还是智力来说，都是非常重要的。

第二，睡眠可以增强儿童的自制力。

大脑机能的发展，也正是在小学这个阶段得到进一步加强的，同时小学儿童兴奋和抑制这类高级神经过程也在进一步增强。我们都知道，新生儿每日平均睡眠时间为22小时，3岁儿童约14个小时，随着儿童年龄的增长，睡眠时间也在日益减少，这就表明，儿童从4岁以后，内抑制机能就迅速发展起来，尤其是进入小学后，儿童的内抑制机能愈加增强，因此小学儿童能更细致地对客观事物进行分析与综合活动，并且更善于调节和控制自己的行为。否则，小学生极易出现自控力不够，因而严重影响其正常的学习生活。可见，睡眠对小学生行为习惯的养成是非常重要的。

2001年，国际精神卫生和神经科学基金会主办的全球睡眠和健康计划发起了一项全球性的活动，此项活动的重点在于引起人们对睡眠重要性和睡眠质量的关注,2003 年中国睡眠研究会把"世界睡眠日"正式引入中国。3 月 21 日为世界睡眠日。睡是动物界中普遍存在的一种自然休息状态。对于人类而言,睡眠几乎占了人生的三分之一,可以说睡眠的好坏与生活质量关系密切。然而在现代生活中,对很多人而言,睡眠质量和睡眠时长都不一定能完全得到保障。

各年龄层睡眠时间

年龄层	睡眠时间
0~3 个月新生儿	14~17 小时
4~11 个月婴儿	12~15 小时
1~2 岁幼儿	11~14 小时
3~5 岁学龄前儿童	10~13 小时
6~13 岁学龄儿童	9~11 小时
14~17 岁青少年	8~10 小时
18~25 岁年轻的成年人	7~9 小时
25~64 岁成年人	7~9 小时
65 岁以上老年人	7~8 小时

2. 改善睡眠的环境

睡眠的环境同样也应讲究。什么样的环境适宜睡眠呢?

第一,睡觉时室内光线要暗,晚上睡觉不要开灯,因为有光压对眼睛不利;

第二，室内温度要适中，最佳温度应保持在 18～24 摄氏度之间；

第三，要保证室内空气新鲜，常换常新，每天一定要开窗通气，即使冬天最冷时，白天也要开窗通气；

第四，要定期每周晒被褥 2～4 个小时以上，因为经过半小时的紫外线照射足以杀死藏匿在被褥里的病毒；

第五，要养成先心睡，再身睡的好习惯，即睡觉前，大脑清空，什么事情都不去想，在心里先做好睡觉的准备，之后身体才会安然入睡。如果一个人能够倒头便睡，那一定是一件很幸福的事情，所以保证高质量的睡眠是何等重要！

第六，睡前饮一杯牛奶，勿暴饮暴食、洗热水澡、房间不放刺激性气味物品、勿剧烈运动。

如果能做到以上几点，那么你的睡眠质量就会改善。如果孩子经常睡眠不好，家长就应留意，看孩子是否生理上有什么问题，这就需要及时请教医生。

第三节　活动

一、问题阐述

一提起玩，好多家长就会谈玩色变，生怕孩子会玩物丧志，将来一事无成。其实，家长大可不必如此担心。我们不应该怕孩子玩，而是担心孩子不会玩。要知道，已经有越来越多的家长反映，自己的孩子不会玩、不合群，整天缠着父母。

现在出现两种情况，孩子不会玩也不玩，户外活动过少。有研究表明，避免青少年近视的最好办法就是每天保证户外活动时间 1.5 小时以上，可惜，我们中国的许多学生是达不到这个标

准。虽然也玩，但很多时候，孩子选择的流行玩法，既不健康，也不合理。比如要么玩手机玩得眼睛坏了脊柱歪了，要么是单纯以娱乐为主的缺乏成长性的玩法。很多孩子的玩只是逃避学习的一种选择，自己内心也不喜欢这个玩法。

二、原因剖析

为什么本应天真活泼、玩心大起的孩子会变得老气横秋、胆小如鼠？不是不知道怎么玩，就是不敢出去玩，甚至不敢与人交流，这种现象并不是个案，而是普遍存在的一种现象。

造成孩子不会玩或玩的时间越来越少的原因有以下几点：

第一，除了学业，频频参加兴趣班，孩子的活动时间和空间受阻

小学生正值童年，一生中最宝贵的花蕾般的年华，可是沉重的课业负担压在了他们幼小的肩上，没有足够的活动空间，少得可怜的空闲时间还被家长送去学特长：舞蹈、美术、歌唱、乐器……

零点研究咨询集团的一项调查显示，中国儿童面临激烈的竞争力，每周课外学习的负担平均达到 3.7 小时。64% 的受访者要学习英语，29% 学习舞蹈、钢琴和小提琴，25% 要学习美术，这些都不是孩子们自己选择

的,而是父母的意思,他们认为有些项目是学校没有提供充分机会,对未来竞争又有好处的,如跆拳道和武术等。因此,一半以上儿童表示空闲的时候最想做的事就是睡觉。

在学校,学生没有足够的活动空间,孩子们能玩的大概只有操场的木马、滑梯和跷跷板,有些学校甚至都提供不了合适的操场。另外,孩子们的活动时间也不足,有些学校在沉重的学业负担下,剥夺了孩子们正常的活动时间,连每天的户外做操也保证不了。

在校外,为了孩子们的安全,在家与学校之间出现了接送学生的校车,孩子们却因此失去了辨别方向的能力和观赏风景的机会。

第二,由于人际沟通能力有限,孩子失去了玩伴

家长们忙于工作和赚钱,没有足够的时间和孩子沟通,于是大多数小孩脖子上挂着自己家防盗门的钥匙,同时被告知小心坏人、最好不要出门、不要给陌生人开门、不要把小朋友带回家、不要……于是孩子们失去了更多与人沟通的能力,同时没有了要好的玩伴……

没有足够的户外活动空间,放学后,完成了老师布置的所谓巩固知识、开发智力的家庭作业后,只能在家里看看电视。于是电视台为孩子们精心打造了少儿频道,不可否认初衷是好的,但是源源不断的动画片让他们大都沉迷其中,不能自拔,逐渐变得自私、幼稚、充满幻想,同时戴上了和年龄不相称的近视眼镜。

第三,丧失玩耍的能力

偶尔赶上家长有空,作业已完成,且不用学特长,可以去趟公园或动物园(现在的家长一般常带孩子们去的无非这两个地方),在通往目的地的路上就已被告知回来后要写一篇游记之类的东西,霎时兴致被打消了至少一半。到了公园,花圃被注上"请勿采折"的字样;草坪旁边竖着"禁止践踏"的牌子;湖边则用很大的标语写上"湖内水深,请注意安全,禁止游泳"……能玩的无非也就是可以旋转的木马,更大的滑梯,双人跷跷板,或者看看关在笼子里的老虎、狮子,脱了毛的孔雀,被锯掉牙齿的大象,瘸了腿的草原狼……小脑袋还要不停地为回去后的游记搜集信息……

这样下去,孩子们起初失去的是玩耍的时间和场所,渐渐地,就会失去玩耍的能力。玩耍是孩子的天性和本能,如果连这样的能力都失去了,我们又凭什么要求他们拥有发散性的思维?

一个正值花季的年轻生命,却失去了玩耍的能力。这是孩子的悲哀,也是家长的悲哀,更是整个社会的悲哀啊!这不得不令我们反思!

珂珂上五年级,妈妈对他要求很严,不能和学习不好的同学玩,放学就得回家。每天上学妈妈送,放学妈妈接。在楼下和其他小朋友玩是决不允许的,必须马上上楼,吃了饭,就要安安静静地坐下学习。慢慢地珂珂变成不想玩也不会玩了。

为此,家长应该摆正对玩的态度。玩的根本其实就是学习。爱迪生有玩孵鸡蛋的乐趣,结果玩成世界著名的大发明家。所以,玩耍对于孩子的作用并非只有家长看到"浪费"时间的娱乐作用,在玩游戏的过程中,孩子可以学到很多书本里学不到的东西,拥有在学习中无法有的体验。有心的家长应该注意到一个特点,现在许多优秀的学生不仅是成绩很棒,而且多才多艺。不会玩的孩子很难学得特别精彩。为此,家长应懂得规划,让孩子可以高效地玩!

所以,要让孩子玩好!

三、解决对策

玩是一门学问。那么如何成为一名开心的"玩家"?

首先,每天要保证必要的户外活动时间。小学生的身体发育正是高峰期。所以,户外活动特别重要,可以很好地提高孩子的健康指数,提高免疫力。特别建议之一是每天不少于 90 分钟的户外活动。特别建议以强身健体活动为主。踢球、跑步、游泳等都是可以的,条件局限的可以踢毽子等,总之,只有和同学在一起,孩子们永远不缺乏玩的想象力。特别建议之二是最好以群体活动、对抗活动位上选,群体活动可以培养孩子的沟通协作能力,同样,激烈的对抗对孩子的心智、耐挫力等都是非常好的培养。比如足球运动就是特别好的选择。特别是男孩子,要多鼓励他参加户外体育运动,可以有效减少"娘炮"的比例。

其次,让玩有成长性,可以对玩进行设计和策划。对玩的设计体现了一个目标,就是让玩的价值有了更大的提升,而不是简单的娱乐性玩耍。比如多开展一些过家家、老鹰捉小鸡等角色型游戏,孩子可以体验到不同角色的趣味性、发展性等,可以感受一些社交规则,也可以在游戏中通过自己喜欢的或者拿手的角色,树立自信心、自尊心等。这些对于孩子的身心健康发展都是大有裨益的。

第三,让玩有社会性。我建议家长们要多给孩子一些时间和空间去做游戏,鼓励孩子带同学、朋友到家中来玩,鼓励孩子结交同龄朋友。利用节假日,多参与一些社会活动,看望孤寡老人,或参加公益活动;利用假期,尽可能多带孩子到野外郊游、去海边旅游,与大自然亲密接触。

总之,玩是值得用一生来雕琢的品位。

※家长作业:

1. 坚持做到给孩子提供营养丰富的早餐。

2. 最少保证孩子每天睡眠时间在 9 小时以上。

3. 带孩子多去郊游、出外旅游。

第四章　个性篇

　　个性是什么？个性就是一个人性格的核心。个性形成是先天的还是后天的？有的学者研究后认为：个性是先天的，也就是说是遗传而来的。但我认为个性是后天形成的，与环境有关。如果一个孩子从小在动物社会里长大，那么他再回到人类社会，是很难适应人类社会的。在动物社会长大形成的个性会影响孩子的一生，比如说狼孩儿、熊孩儿、猴孩儿等案例都可以得到证实。因为长年在狼群里长大，让他回到人类社会，他会感觉到无所适从，根本无法生活，其智力与个性也与人类社会的同龄人相差太多。而这种差别即便经过后天努力也是绝对不可能有所改变。

　　下面是关于印度两个狼孩儿的真实案例。

　　1920 年美国人辛格在印度加尔哥答米德纳波尔城附近的森林里，发现了两个由狼抚养的孩子。一个七八岁，另一个一两岁。辛格牧师为大的取名为卡玛拉，小的取名阿玛拉。据资料记载，"狼孩"刚被发现的时候,长长的头发结成一团,披在肩上,用四肢行走,喜欢单独在夜间行动,白天躲在屋角里,怕光、怕火、怕水;不吃素食,喜欢吃生肉,放在地上用牙撕着吃;粗野地拒绝穿任何衣服;每到午夜3点钟,就像狼似的引颈长嚎。尽管辛格夫妇做了最大的努力,也很难使她们适应人类生活。小的阿玛拉第2年就死去了。大的卡玛拉在6年后才学会直立行走,但在着急奔跑时,仍要四肢着地,直到她17岁死去时,只学会了很少的几个单词,最终也没能学会讲话。在获得人类的情感方面,开始唯一能够接受的就是辛格夫人对她的爱抚。后来,虽然稍有进步,但也只不过相当于三四岁儿童的智力。比如,她会为受到赞扬而高兴,为自己解不开纽扣而哭泣等等。

这两个孩子在人类社会无法生活,没有人性,只有兽性,再也回不到人类社会。不仅是个性,包括生理、心理、智力、思维、语言等都没有充分的发育。如果说有个性,那也只有狼性。可见,环境对生物的人的影响力有多么强大!

第一,个性与家庭环境有关

国外有人研究,比较了两组孤儿院收养的孤儿,一组孤儿很早被人领养,他们有机会同养母交往,并对养母表示依恋。另外一组没有被人领养,对他们进行追踪研究,并在3岁半、6岁半、8岁半和12岁半时进行观察、测试,发现没有被人领养的一组儿童不适应环境,缺乏自我控制,缺乏对他人的基本信任感,情绪上畏缩。

同样,城市还是农村家庭的孩子,个性上也是有差异的。一对出生18

个月就分开抚养的孪生儿，一个在偏僻的农村长大，一个身处在繁华的城市，而且是在一个富有智力刺激的家庭里生活。到 35 岁时，他们接受同样的智力测验，其分数相差竟达 24 分之多。孩子出生后，是由生母抚养，还是由养母抚养成人，还是由孤儿院收养长大，个性形成也是大不一样的。

即使生活在同一个父母亲和家庭中，不同孩子形成的个性也是不一样的。

老大和小妹的个性就是一个鲜明的对比。有一对孪生姐妹，外貌十分相似，从小学到中学，直到大学都在同一个学校读书。但个性上却有明显的差异。姐姐比妹妹善谈吐、好交际，办事也比较果断、勇敢和主动。在谈话和回答问题，总是姐姐先说，妹妹只表示肯定或作补充。

原来，从很小的时候，他们的祖母就做了一个决定，并征得其父母的同意，在孪生女中认定姐姐是负责人，责成照管妹妹，多为妹妹的行为负责，做妹妹的榜样，并首先执行成人委托的任务。于是，姐姐在这种生活实践中经受了锻炼，较早地形成了独立、主动、果断、善交际的特点。而妹妹与姐姐的性格差异的原因，主要是她的生活实践与姐姐的不同，形成了追随别人，听从别人的习惯。

由此，我们可以反思，如果这对孪生姐妹的祖母是位幼儿教育专家，懂得要把两姐妹培养成出类拔萃的人才，这样一定会影响两姐妹个性的形成。妹妹的从属地位、不善于表现自己、遇事不大胆、不能勇敢去解决问题的情形可能就会有所改善，两个孩子可能就会处在同一水平线上。

第二，个性的形成是受年龄段影响的

众所周知，个体从 0 到 18 岁可以划分为三个阶段：从出生到 6 岁，这是一生中生理发育的高峰,也是大脑发育的高峰期,是一生中最重要的时期,有的学者讲这是不可逆转的一个时期,当然对个性的发展也是重要的时期;第二时期是 6 到 12 岁,儿童开始具有是非观,正确与错误的意识,道德观念在这个时期才形成;第三时期是 12 到 18 岁,这是青春期,这个时期产生了民族的归属感,产生了热爱祖国的情感,集体荣誉感,关心集体,这是年龄的特征,是孩子成长的必经过程。

本章着重对小学生的自卑、怯懦、脆弱这三个个性弱点进行阐述,并对家长提供可行性建议。

第一节　自卑

一、问题阐述

自卑的孩子往往表现为:不敢跟人说话、不敢问问题、胆小怕事、不勇敢等,表现出极度的不自信。

> **重点提示:**
> 孩子的自卑通常表现为对自己的能力等各方面评价过低,常常伴随害羞、胆小等表现。

如果自卑的孩子长时间得不到调整,很容易把自己封闭起来,不愿意和父母交流在学校发生的趣事,不愿意和同学参与竞争性的活动,如果家人、同学或老师不能及时地给予帮助,孩子很容易变成自闭症。因此,自卑的危害不容小觑。

二、原因剖析

首先,经常爱用武力的家长,孩子往往会自卑敏感。我认为经常打骂孩子的家长,是无能的家长,是不懂教育的家长。他们对孩子一点儿也不了解,不尊重孩子的人格,自己不善于学习,又没有办法,只会以最愚蠢、最简单粗暴的方法打孩子。殊不知,你打孩子是在教孩子打人,你骂孩子是在教孩子骂人。要知道,打孩子打不出孩子的尊严,也打不出孩子的自信,更打不出孩子对你的爱来。更严重者,会让孩子产生自暴自弃的念头,从而走上不良的生活轨道。这肯定不是家长希望看到的结果。

既然如此,许多家长明知自己方法有问题,却依然顽固地不去改变自己的方法。用他们的话说"我也知道错误都在自己身上,可就是身不由己!"。试想,你连自己的错误都改变不了,又有什么理由去要求孩子呢?都说榜样的力量是无穷的。家长毫无决心与毅力去改变自己的缺点,孩子看在眼里，记在心上。一旦孩子身上有了错误缺点时，他一定会像家长一样，轻易地放弃改正的机会。长时间不能战胜自己，慢慢地孩子会变得越来越自卑，即使聪明的孩子也会慢慢变得愚笨起来。这都与家庭教育有很大关系。

父母教育不当会导致孩子学习兴趣不高，学习成绩自然就不理想，而这时家长因为孩子学习成绩不理想，不分青红皂白地又去打骂孩子。殊不知，也许是因为孩子没有掌握正确的学习方法，从而把学习当作一种负担，孩子自然不爱学习了。

很多年前，因工作调动我来到山西省社科院。因暂时没有居所，遂找到一处出租房。房东因得知我从事教育工作，诚恳地提出房子的租金可以全免，但有个条件，希望我能辅导他儿子学习。我说可以，同时我也提出一个要求，即我在指导孩子学习的过程中，家长不得插手，要完全按照我的指导思想去做。

初见房东的孩子，只见孩子戴着一副眼镜，头有点儿歪，眼睛看起来不太机灵，但还不至于笨。后来发现这个孩子经常和妹妹发生争执，甚至会拼着命地把小妹妹往死里打，手段特别粗暴。经过了解，原来孩子的父母经常骂他是"笨蛋、傻瓜"，有时候还打他，所以孩子长期生活在这种环境下，变得很压抑，没有自信心。

起初，对于孩子提出的问题，一般不会手把手地教他，总是先帮助他审题，让他理清思路，而不是直接告诉他答案或解题过程。刚开始，孩子对这种新方法很不适应：他总是想直接要到答案，而不是去思考；我却要让他学会用数学的思维去分析，给他指出解题思路。

记得有一次孩子来问一道数学题，依然按这种方法给他解答，他很不理解，而且还很生气，把门一甩，就气呼呼地回家了，嘴里还嘟嘟囔囔的。以后几天，与房东之间的关系非常紧张了。夫人讲："又不是自己的孩子，你就告诉他得了。"告诉他答案很简单，可对他来说不能解决根本问题，达不到目标，对他的数学思维没有任何好处。如果这样，将来他成不了才。

所幸没过几天，房东经过一番思考，最终同意按原来的方法继续做。坚持了一段时间后，孩子到初二下学期时，解答疑难数学问题已经不在话下了。对他来说，学习非常有效而容易，而且还乐在其中。后来，这个孩子考上了省重点高中太原五中。他对我讲："大爷，你的办法真高，我越学越感觉到有后劲儿，一点儿也不怕班里的好学生，好像我的脑子特别灵。"后来这个孩子考上了太原理工大学，学了应用数学系。大学毕业后又考入南开大学读研究生。如今在深圳工作，从事金融证券工作。

三、解决对策

父母的家庭教育对孩子的影响很大。方法不得当，可以让孩子变得胆怯退缩、木讷甚至愚笨，而这种不良的个性会成为孩子今后生活中的一大障碍，会成为孩子成长、成功道路上的绊脚石。那么，我们如何踢开自卑这块绊脚石，勇往直前地走向成功呢？对于自卑的孩子来说，帮助孩子树立自信，消除自卑的阴影是非常关键的一环。

以下是一些行之有效的方法，家长不妨试着去做一做：

1. 适当降低自己对孩子的要求

家长对孩子过高或者过于苛刻的要求与孩子达不到家长的要求之间

的矛盾,使孩子总是被批评或指责。长此以往,就会使孩子在潜意识中习惯性地否定自己最终演化为自卑。对于此类自卑的孩子,家长不要奢求孩子能完美地做好每一件事,而应该学着鼓励孩子去做,然后,根据孩子的实际情况,适当降低对孩子的要求,努力发现孩子在做这件事的过程中哪怕一点点值得肯定的方面,并予以肯定,从而一点点地增强他的自信心。要让孩子懂得:做该做的事,并努力把它做好,这本身就是成功,也是对自己最好的肯定。

曾经有一位朋友留学美国,她的儿子也跟着去美国上小学二年级。起初,她特别担心儿子过不了语言关,与班里同学相处不来,以致使孩子变得孤僻起来。于是每天孩子一放学,她就开始逼着孩子听英语,记单词。然而出乎意料的是,儿子每天依旧高高兴兴地去上学,一点儿也看不出因语言交流障碍而出现的不良情绪。纳闷之余,她来到学校找老师了解孩子的在校表现。依照中国人的客气,她首先谦虚地指出了孩子的不足,请老师多多关照孩子。没想到,老师非常夸张地称赞她的儿子学得很好,并拿出儿子的作业本让她看。当她看到儿子作业本上歪七扭八的字母时,她的脸红了。这时,老师指着其中一个写得还差不多的字母对她说,"你看他这个字母写得多好!"刹那间,她明白了,原来我们中国家长看到的只是孩子的不足,而不是长处,人家老师看到的是孩子的长处,哪怕再差,也能在其中发现其闪光点。这就是儿子为什么尽管语言不通,每天仍然乐呵呵上学的原因。

2. 让自己对孩子的表扬更智慧

生活中,我们的家长总是这样表扬孩子:"你今天用积木盖起了这么高的大楼,我真为你感到自豪!"常常不能意识到,对于孩子的成功或者进步首先应该感到高兴的是孩子自己。如果当家长对孩子的表扬是这样的:"你今天用积木盖起了这么高的大楼,你一定为自己感到自豪!",可以让孩子更加真切地意识到、感受到"我能行"。这里需要注意的是,家长对孩子的表扬一定要具体,表扬要针对孩子的某一具体行为,而不是毫无原则、泛泛地表扬孩子。否则只会让孩子变得盲目自大,看不到自己的不足和问题,以为自己已经是最棒的,时间长了,会对孩子的自我认知和长远发展产生不良影响。

3. 鼓励孩子正视他人的批评

在孩子的日常生活与交际中会遇到很多人,不是每个人都有义务,都会留意,去多给自卑的孩子一些表扬,少一些批评。难免会遇到一些故意挖苦讽刺的,或者不小心实话实说的,等等,这些对于自卑的孩子来说都会造成消极的影响。因此,家长有必要告诉孩子,要正视他人对于自己的批评,不用感到害怕;告诉孩子,如果真的是自己的错,那么,最好的办法就是虚心接受他人的批评,勇敢面对,及时改正错误;这样逐步让孩子在不断的实践中养成积极听取他人的批评建议的良好心态。当孩子能够主动意识到自己的错,并且大胆承认,及时改正时,家长更应该对此予以表扬与鼓励。长此以往,孩子就会从心里认可自己,正视他人对自己的批评。

4. 适当强化孩子的自我肯定

自卑的孩子往往是对自己持否定态度的,甚至已经有一种习惯性的自我否定的潜意识。因此,对于自卑的孩子而言,在予以自我肯定时,更多地需要借助外界的力量,比如,家长的鼓励,朋友的赞许,等等。所以,在日常生活中,哪怕孩子只是有一个好的开始或者一点点进步,家长都可以给予孩子小小的奖励;经常让孩子总结自己的优点,或者回忆自己取得的进步或者成绩;当孩子遇到挫折时,鼓励孩子自己给自己打气加油:"让我再试一次吧。我一定可以的!"

但是,要注意自我肯定不宜过度,更不能滥用。因此,正确的自我肯定一定是有原则、讲分寸、分场合的。切勿盲目鼓励孩子自我肯定,否则,会使孩子变得没有自知之明,变得自大,甚至迷失自我。

5. 鼓励孩子扩大自己的交友范围

自卑的孩子往往也伴随着胆小害羞、不善沟通交流等问题,因为他们自卑,总觉得自己不好,总觉得别人不愿意与自己沟通交流,因而,其交际圈往往是比较窄的,朋友自然也不会很多,总是生活在自己的小圈子里,甚至是自己的小世界里。但是,在外界看来,他们会有意或无意地表现得让人很难接近,很难交往。因此,家长应该鼓励孩子多交朋友,从亲戚中的同龄人或者同班同学开始,慢慢地扩大孩子的交际范围;有意识地创设一些情景或者事件,增加孩子与陌生人的交流机会,比如让孩子去结账,等等。长此以往,孩子与他人交往得多了,就会建立起与他人交往的习惯,甚至是自信,他人也愿意与之交往。这样一来,孩子就不会再胆怯退缩,甚至可以缓解或者消除自卑的心理。

第二节 怯懦

一、问题阐述

现今,怯懦的孩子越来越多,令许多家长十分担忧。怯懦对儿童的身心健康有深远影响,尤其是在其进入社会后以及进入职场后,懦弱这种性格缺陷对于孩子的阻碍作用愈发明显。因此,应予及早矫治。

> **重点提示:**
> 孩子的怯懦通常表现为害怕困难、情感软弱、意志力薄弱、胆小怕事等。

很多怯懦是因为一次次的打击而造成的。当孩子做错事时,有些家长往往只会用批判、嘲讽甚至打骂孩子的做法来教育孩子。时间长了,孩子的信心一点点退缩下去,不愿意不敢发表观点,于是,就愈发显得怯懦。

1999年夏天,一个小学三年级的温州小姑娘帆帆来到我这里。这个孩子看起来很可爱,其实大脑有些受伤,是个学校不要的孩子,而且只要学习上一遇到问题就表现出懦弱、紧张、害怕,是典型的弱势儿童。她比弟弟小一岁,而弟弟是妈妈带大的。她的妈妈比较偏爱她的弟弟,而且妈妈和弟弟总骂她"笨蛋",甚至有时帆帆学不会时,妈妈还会打她。所以孩子也觉得妈妈不亲她。

对于帆帆的教育问题,是从来没有遇到过的。这个孩子在学习上的突出表现就是怯懦,除了学习,做游戏时或者玩的时候表现就大不一样了。这个孩子突出的特点是独立生活能力强,在做游戏中始终是个小领袖,跳绳比别人学得快,滚铁环也比别人学得快。为此,要从以下几方面来提高她的自信心——

首先,让她在轻松的环境中学习。在接受这个孩子半个月后,教她五以内的加减法。她仍然在说"1+1=1"。原来帆帆是个稍微智力发育滞后的孩子。后来了解到,她从小是由奶奶带大的,而奶奶是个文盲,帆帆因为从小就爱吃"松花蛋",又叫"皮蛋",而奶奶不知道那里面含有很多重金属铅,重金属超标会影响幼儿的智力发育。所以,多年大量食用含铅的皮蛋,造成帆帆智力发育滞后。

对这类智力偏弱的孩子,非智力因素要比智力因素更为重要。每当她做作业的时候,如果站在她旁边,她心理上肯定会紧张。后来想了个办法,院子里有个比她小的孩子叫宁宁,宁宁属于早期教育开发比较好的聪明孩子。于是,先教宁宁五以内的加减法,然后再让她去教帆帆。就这样,帆帆在没有压力的环境中很快学会了。

其次,抓住机会,多表扬孩子。平时既要讲求方法,又要及时给予孩子表扬,哪怕只有一点点进步,也要表扬孩子。

第三,选她当小班长。为了鼓励帆帆,特意让她当这个小集体的小班长,树立她的自信心。

第四,在玩中激励她的勇敢精神。因为帆帆在玩耍中表现很好。所以,尽可能让孩子在玩耍中充分发挥潜能,鼓励她树立勇敢的精神。

通过以上点点滴滴的渗透,帆帆进步很大。后来将她送进一所班里有73个学生的小学校上学,通过努力,当她上小学二年级的时候,她已经能跟得上同龄人的学习了。到三年级的时候,她已经不是班里的特差生,排到了班级的 50 名左右。到小学五年级时,她已经排到了班里的十六七名。

我想说明的是,家长对孩子经常说"笨、傻",会伤害孩子的自尊心。自尊心和自信心没有了,主观能动性就大大下降了,这样长时间下去不会有好的作用。当然如果总说孩子聪明也没用,会使他洋洋得意,所以作为家长一定要注意自己的言行,当孩子出现问题的时候,要想清楚该用什么样的语言,如果不了解实际情况乱发言,可能会适得其反。

二、原因剖析

孩子怯懦个性的形成,家长有着不可推卸的责任。

1. 过分保护或者过分严格的家庭教育会造成孩子的懦弱

在过分保护的家庭教育下,家长往往为孩子营造了一个绝对安全的成长环境,对孩子宠爱有加,甚至连力所能及的事都不舍得让孩子做,生怕孩子吃苦受累。这样一来,孩子不曾经受一点委屈和辛苦,更不需要承受任何刺激或打击;自然而然,也不懂得如何抵抗外来的侵扰,如何自我保护。所以,只要遇到一点挫折、打击,就会一蹶不振。长此以往,孩子就会变得懦弱。

与过分保护的家庭教育恰恰相反的是过分严格的家庭教育,在这种家庭教育环境中,家长对孩子的要求往往是比较高且严格的,而这就意味着孩子承受着较大的压力。长此以往,孩子习惯性地屈从于父母的威严,被动的甚至是消极的应对父母给的种种压力。而这就可能成为孩子懦弱个性形成的隐患。

2.家长的不良暗示或不当的表扬方式都会造成孩子的懦弱

有一年,我带小孙子(当时4岁半)和他的妈妈去游泳,当时的天气是这样的:气温是33℃,水温是27℃。小孙子准备下水时,妈妈对他说:"这水可太冷了",听了妈妈的话之后,小孙子就是怕水凉,怎么都不敢下水。可是,在4月中旬,我曾带着孙子在同样的游泳池游过两次了,他都敢下水。所以说,是妈妈的不良暗示——"这水可太冷了",影响了他下水去游泳的情绪。

曾经有一位女学生,从小就被父母经常夸奖:听话、老实,而且常常是当着亲戚朋友的面。所以,她一直认为听话、老实是好孩子,自己应该听话、老实。以至于她在公交车上被男青年侮辱了,依然保持"听话"的样子,不声张,不抵抗。正是父母从对女孩不当的表扬,潜移默化中使孩子形成了懦弱的性格。

三、解决对策

要矫正孩子性格怯懦,家长应力求做到以下几点:

1.培养孩子勇敢的精神

懦弱的孩子往往是"怕"字当头。因此,消除心中的"怕",让孩子变得勇敢,是摆脱懦弱首要去做的。家长应经常给孩子讲一些关于勇敢的名人故事、通话寓言等,让孩子明白勇敢是成功的第一步。

2.鼓励孩子独立自主,走向社会

包办是中国家长的通病。小时候,吃饭、穿衣,甚至书包都为孩子整理,长大一点,刮风下雨、过马路的时候要抱着孩子,等等,可以说事无巨细,能帮着孩子做的都会去做。如此一来,孩子做事、交际的机会会变得越来越少,所以,当孩子一个人面对一些事情,或者到了大场合的时候,就难免会表现的懦弱。因此,家长应该明确区分孩子应该做的事和家长应该做的事,那些孩子应该做的事,家长就要鼓励孩子、教育孩子自己去做,给孩子提供独立自主的机会;有机会还可以多带孩子踏青旅游、走亲访友,哪怕只是到图书馆、公园等一些公共场所,为孩子提供接触外界的机会;此外,家长应该多鼓励孩子参加学校组织的夏令营、郊游等活动,多与同伴相处、交流。

3. 鼓励孩子大胆说话,大胆做事

有些懦弱的孩子,是因为性格比较内向,生性不喜与人话不多,更不善与他人争辩;在陌生人面前或者公共场合时,更是一言不发,表现得唯唯诺诺。对于这种孩子,家长应多鼓励他要敢说话,多说话,要敢做事,多做事;多给孩子创设一些与他人交流、合作的机会,比在家庭会议上多发言,家里来客时多打招呼,在外消费时让孩子去结账,等等,慢慢地,在鼓励孩子多参加学校的演讲比赛、辩论赛等类似的活动。

此外,家长应有目的地交给孩子一些可以独立完成的任务,限定时间完成。如果遇到困难,家长可帮助他去克服,给予必要的指导、鼓励。当孩子完成时,应立即表扬,使他树立信心。家长也可以和幼儿园、小学的老师联系,请求老师让自己孩子能在班上当个"小干部",担任一定的"社会工作",以提高孩子交际、处世办事的能力。

长此以往,孩子就会习惯与他人沟通交流,即使是在公共场合或者人多的时候,也能克服懦弱,言行自然得体。

第三节　脆弱

一、问题阐述

脆弱是意志力、自制力不强的表现,也是懒惰、不自立的表现。而具有这类弱点的小学生,往往伴随体弱多病,依赖性较强。

在现实生活中,小学生身体不好或学习不好都会形成脆弱的个性。因身

> **重点提示:**
>
> 孩子的脆弱通常表现为对事物敏感、患得患失、经不起挫折。

体不好,经常生病,他没有像其他同学一样在学校里学习,而是把更多的时间用来养病,恢复身体健康。缺乏锻炼身体的机会,而且学习也上不去,一问三不知,考试自然也就不及格,经常这样下去,老师认为你是个

"笨孩子"，同学认为你学习不好，也不愿意和你玩，自己也会觉得孤单，在学习上和同学中，越发没有自信，形成了敏感脆弱的个性，慢慢就成了"消极儿童"。这样对孩子的成长非常不利。

二、原因剖析

近年来，中小学生的心理问题备受家长、老师、学校以及社会各界的关注，身边因抑郁、焦虑等心理问题自杀的案例比比皆是，令痛心不已，其中不乏是一些好学校的好学生。不禁使人愈加不解，为什么越是好学校的学生，越是学习好又听话的孩子，越容易心理脆弱？

究其原因，主要有以下几点：

1. 不当的家庭教育、学校教育

受计划生育政策的影响以及人们观念的转变，当前大多数家庭都是独生子女，全家人都围着他们转，真的是含在嘴里怕化了，放在手里怕丢了，从小就受着来自爸爸妈妈、爷爷奶奶、外公外婆等的精心呵护，过着一帆风顺的日子，没有遭遇过挫折，也没机会在风雨中学会坚强……长辈们对他们寄予殷切的厚望，同学、家长们之间的互相攀比，社会的整个高压环境……孩子们艰难地前进着，生怕自己因某次表现不佳，而摧毁自己之前的良好形象，他们生活在压力中，压抑着自己的内心，甚至扰乱了他们正常的学习和生活。

2. 心理尚处于发育阶段，认知水平有限，认知方式有偏差

对于中小学生而言，他们的身心发展初步发育，认知水平还处于较低水平，看待事物往往不能从全面的角度看待，有时甚至不能正确看待事物，会出现考虑问题不周到，比较片面、孤立，不能用联系的眼光看问题；

内心还不够强大,抗挫能力比较弱,一旦遭遇失败,就会消极怠慢,久久不能恢复。

三、解决对策

面对脆弱的孩子,聪明的父母可以这样做:

1. 通过沟通了解孩子的压力源

如果发现自己的孩子内心比较脆弱,家长一定要耐心的引导、陪伴孩子,多与孩子进行坦诚沟通,尽量了解孩子内心的真实想法;当孩子伤心难过的时候,要安慰孩子,给予孩子爱的抱抱,抚慰孩子受伤心灵,帮助孩子释放消极情绪。

2. 反思和调整家教方式

家庭是孩子的第一所学校,父母是孩子的启蒙老师。孩子的脆弱个性,与家庭教育息息相关。父母过高的期望,过度的保护,等等,都可能使孩子形成脆弱的个性。不同孩子脆弱的成因各有不同,家长要在搞清楚孩子的脆弱成因的基础上,及时反思,有针对性地调整家庭教育方式。

3. 给孩子的心灵"补钙"

钙是人体所必需的一种微量元素,如果缺失钙的话,就会造成骨质疏松等软骨症状。同样地,如果心灵缺钙的话,那么就会使我们的内心变得脆弱。我们要给孩子的心灵"补钙",首先就要"放开手",自己的房间、自己的衣袜、自己的事情都要自己来完成,自己做决定,父母仅仅提供一些参考意见,培养孩子的独立意识和抗挫能力;同时,在假期的时候,可以带孩子去养老院、孤儿院做一些志愿活动,激发孩子的爱心和自信心;多带孩子参观一些博物馆、名人故居、图书馆等,陪孩子阅读名人事迹,让孩子懂得没有人可以随随便便成功,那些成功的人都是踏实、勤奋、勇敢、好学、上进的人。多鼓励孩子勇敢做自己想做的事情,让孩子体验成功的喜悦。逐渐让孩子的内心变得强大起来。

4. 改变孩子的认知方式

"失败乃成功之母"这是我们老生常谈的一句话,但能真正将其中所蕴含的激励与鼓舞运用起来的却寥寥无几。心理脆弱的孩子往往消极悲观的情绪比较多,如果长此以往的维持现状而不做任何改变,孩子是极有可能会抑郁的,所以我们家长一旦发现孩子出现这种状况,就一定要采取行动来转变孩子的认知方式,要让孩子明白"金无足赤,人无完人",发现自己的闪光点,相信自己!家长要多鼓励孩子,面对困难和逆境时不能退缩、自怨自艾,要迎难而上,寻找解决问题的方法,必要时可以寻求老师、家长、朋友的帮助,让孩子变得阳光积极、快乐自信!

1999 年冬天,上小学二年级的飞飞来到我这里,这个孩子从小体弱多病,自己的事情经常都是由父母亲代劳。因为体弱多病,他对妈妈的依赖性很强,如睡觉要妈妈搂着睡;吃饭要妈妈一碗一碗地端;个人卫生也要靠妈妈;甚至做作业也要妈妈陪着做,久而久之养成了习惯。而妈妈也总觉得都应该帮着他去做,不放心他自己做,孩子也越来越离不开妈妈,依赖性越来越大。其动作表现比较迟缓,学习跟不上同学,老师自然认为他是"笨孩子"。

记得飞飞刚来我这里时,毫不夸张地说,他都不能静静地连续站立五分钟,身体软绵绵的,总要不停地晃动,甚至连阳台的小门都没有力气拉开。

针对这类孩子,首先应该加强营养,进行合理配餐。要求吃饭不许挑食,加强体育锻炼。每天早晨起床之后,坚持跑步、做早操等。

所以飞飞的情况需要家庭的配合。首先我先让孩子脱离他家这个环境,利用假期到特训营(或者到舅舅、叔叔家)住上一段时间,培养孩子的独立生活能力,进行第二次断奶。由生活老师教给他,你应干些什么,怎样按要求去做。要求自己的事情自己做,不要总是指望别人帮助你。

为了克服他的依赖心理,培养他的独立性。来这里之前,一直和他妈妈在一个被窝里睡觉。来之后,首先让孩子一个人睡一个房间,尽管他住的那个房间门是打开的,但他总会讲:"我怕。"不敢睡觉。于是就鼓励他,:"你是男孩,有问题喊爷爷,你能行。"第一天前半夜,他一直没睡,我们也没睡着,一直到后半夜两点多钟他才入睡。第二天起来后,就表扬他,飞飞是男孩子真勇敢。问他一个人睡觉怕不怕,他说不怕。从此以后他也逐渐适应了一个人睡觉的习惯。

飞飞刚来时写字很慢，而且握笔不规范，拿筷子的姿势也不对，干什么都是慢慢悠悠的，针对他的慢动作，为他设计了一些动手的训练，例如：锻炼手指的动作，去打算盘，点银行里的练功券，写字慢有要求，拿筷子有要求等等。在吃饭时不爱吃蔬菜，如胡萝卜，就让他把菜当药吃，总比住院打针吃苦药强吧！他爱唱歌，就教他唱歌，《妈妈是一本书》就唱得非常好，于是就表扬他。只要做得好，就多鼓励。总之，通过体育锻炼，饮食调整，飞飞一个月就增加了三斤体重。小胳膊明显有劲了，也不感冒了（用凉水洗脸）。

过去飞飞从不敢和小朋友玩，后来，院子里杏树上的杏成熟了从树上掉下了，小伙伴们午睡起来，比谁跑得快，先摘杏吃，结果飞飞摘到正要吃的时候，虎儿的动作比他快，抢到手一下子就放到自己的嘴里、咽到肚子里去了。没想到飞飞的反应也不慢，反过来把虎儿的胳膊咬了一口，"哇"的一声虎儿哭了，我赶快跑到院子里，查看发生了什么事，并告诉他们小朋友之间应该团结、互相帮助、互相礼让，借此机会表扬了飞飞动作快有进步，像个男子汉，同时也批评了这种不礼貌的粗野动作。

这是典型的脆弱型儿童。这类孩子独立性太差，生活自理能力弱，总希望任何事情都能得到父母的帮助。如果不及时补救，孩子长大后就会表现出意志力薄弱的情况。因此，家长要在日常生活和学习过程中，对孩子提出适当的要求，重塑自信，不断磨炼，使他坚强起来。

※家长作业：

1. 你的孩子自卑吗？如何改变这种现状？

2.怯懦和脆弱有哪些具体的行为表现,仔细观察孩子是否具有这些特征并及时纠正。

3.家长对自己进行剖析,陈述自己在孩子教育过程中不恰当的行为或语言。

第五章　智力篇

　　传统的智力理论认为,智力具有单一性,一个人智力的高低,是可以通过纸笔测验进行衡量的。自从 1905 年法国心理学家比奈(A. Binet)首创智力测验以来,通过标准化测验来判断个体智商就成了一种普遍现象,甚至连小学生都不可避免。当智商(IQ)测验高达 140 分甚至更高时,被冠以"天才""神童"的美誉,然而,一旦测验分值在 70 分及以下,家长就会觉得自己的孩子笨得无药可救。

　　其实,很多家长忽略了一点,标准化测验和 IQ 模式只是根据孩子的阅读和计算能力对孩子智商水平片面的分析,其数值仅仅代表以语文和逻辑数理为主的学业性智力,并不能代表孩子的一切智力。于是,美国哈佛大学心理学教授霍华德·加德纳提出了多元智力理论,在他看来,人类至少拥有语言智力、数学智力、空间智力、节奏智力、运动智力、社交智力、内省智力 7 种智力;而智力的基本性质是多元的。因此,个体的智力并不是容易被测量的东西,也非简单的纸笔测验所能穷尽。

另外，霍华德·加德纳认为，这7种智力代表着人类在不同方面的潜能，通过一定的教育以及训练，每个人都有可能成为一个卓越非凡的成功人士。因此，家庭教育的过程也应该是开发智力教育的过程，家长有理由相信，每个孩子的智力都有其独特的表现形式，都有其独有的智力强项，对孩子要满怀成才的期望。家长要充分尊重孩子的智力特点，提倡对孩子智力的多维度、多层次、多方位的发掘，在日常生活中，根据孩子的智力特点进行合理的引导，积极发掘孩子的智力水平和兴趣特长，促进孩子的全面发展。

本章将结合多元智力理论，从记忆力、观察力和逻辑推理能力三方面对小学生现存的智力方面的主要问题进行分析，并给出建议。

第一节　记忆力

一、问题阐述

记忆本身是思维加工过程的一个环节，是与观察、注意力不可分割的。记忆力的发展也是智力和智慧发展的重要标志。小学生的记忆特征是在低年级以形象思维为主，也就是说形象、

> **重点提示：**
>
> 记忆力是保持和再现客观事物的心理过程。

直观、生动有趣的东西，更容易记忆；而高年级的学生逻辑记忆更占优势，能把记忆的知识进行比较、分类和概括，将其纳入自己的知识系统中，用知识块的方式进行记忆。这就要求学生在记忆时，应仔细观察被记忆对

象的特征,注意力要非常集中,不受周围事物的干扰。

目前,许多家长反映自己的孩子记忆力表现不佳,即便是很简单的知识也要花很长的时间才能记住,而且记得还不牢固。感觉非常奇怪,觉得年龄那么小怎么可能记不住,可实际的表现却令人无法接受。事实是这样的,年龄小的优势是记住后很难忘,但不是容易记住的理由。记不住的原因有很多。

二、原因剖析

影响小学生记忆力的原因是多方面的。

第一,睡眠质量,对记忆力有重要影响。受外部环境的影响,学习压力过大,导致睡眠不足,甚至失眠,睡眠质量低下。于是,大脑得不到有效休息,记忆功能受损,从而造成记忆力衰退,就会变得容易忘事情。有数据表明,中国学生是最缺觉的人群。家长朋友可以好好地反思一下,您孩子每日的睡眠是否能够得到保证?

第二,身心发展水平。记忆力水平与小学生自身的身心发展状况息息相关。由于这一阶段小学生的大脑发育不够成熟,尤其是小学低年级阶段,记忆力主要依靠机械记忆和无意识记忆,其本身的记忆效率不高。

第三,内在动机不足。现在的小学生,别看年龄小,对手机游戏和电玩却是无师自通,连着闯好几关都不在话下,注意力一直保持高度集中。但是,一到学习呢? 一谈到记忆呢? 打游戏时的热情顿时就没了,打游戏的高度注意力也没了,左翻翻右看看,记一会儿歇一会儿,记忆效率又怎么可能高呢?

第四,外部干扰太多。由于干扰源太多,所以导致注意力不集中。比如书桌上摆放凌乱,玩具或零食等随意摆放。有的小朋友还喜欢作业时听耳机,所有这些都会对记忆效果产生不良的影响。

三、解决对策

那么,如何提高孩子的记忆力呢?

1. 增强自信心

记忆,首先应该有信心;其次,联想、类比等也有助于记忆。道理很简单,孤立的事物容易忘记,而联系着的事物却不容易忘记。对所记忆的对象进行分析研究,同时,也要对自己的记忆特征进行研究。比如,研究自己是在高兴的情况下容易记住,还是对有兴趣的事情容易记住;是晚上睡觉之前记忆最佳,还是化整为零记忆最佳。

总之,孩子要善于总结自己的记忆特点,对记忆的对象、规律、方法等进行研究总结,进而提高自己的记忆力水平。

楠楠是 2002 年 3 月从外地来太原的,我用小学三年级试卷对她进行摸底,不一会她就交卷了,说不会做。问她为什么？她说自从上学到初二,每次的作业都是抄同学的,就连考试也是抄别人的。老师要求她上课只要不说话就行,甚至可以睡觉。所以她的学习一直是混过来的。我只好从小学一年级数学、英语开始,给她讲课,用了半年的时间补完了小学的功课。从 2002 年 9 月 1 日开始,她重新上初一。我还用前面的学习方法,指导她学习。

2. 及时复习

及时复习是增强记忆的一种有效方法。

学习中最重要的环节是理解和记忆。预习就是为了更好地理解老师要讲授的内容,这样,第二天上课时,孩子更容易记住老师教授的重点。对于老师讲授的主要公式和计算步骤,学生应随时随地进行记忆。当然,复习也是学习过程中的一个重要环节。及时复习的优点就在于可以加深和巩固学生对学习内容的理解,防止在学习后发生的急速遗忘现象。根据遗忘曲线,识记后的两三天,遗忘速度最快,然后逐渐缓慢下来。因此,对刚学过的知识,应及时复习,课后 10 分钟的巩固记忆所产生的效果是最佳的。

3. 学以致用

学以致用既是学习的初衷,也是学习的归宿。

有一次楠楠数学考了 70 分,她高兴得手舞足蹈。我问她,只不过 70 分你高兴什么？她说我们班有 43 个人,及格的不超过 10 名,大多数的同学都是四五十分,还有的同学是 10 分,个别的才考了 5 分。我为什么不高兴呢? 这一次成绩刷新了她学习数学的历史。她凭自己的本领考到班上前 10 名,真的是不容易。然后,我就引导她:数学只有理解才能记住公式、计算步骤和要求,只要能力提高后,就一定会做成的。

学数学主要是靠理解,那么英语呢? 靠七成记忆,三成理解去学习;而且英语应该多在听说上下功夫。在记忆时心一定要平静,注意力要集中,而且记忆的目标愈明确愈具体愈好。单词记忆力长度不要超过七。不仅要记单词,还要记住词性。我把这些自己学习英语的体会以及记忆的方法全部教给她。后来她到了初二,英语考 90 分以上的次数越来越多,有一次期中考试还得了 98 分。在学习上,她进步如此之大,令大家非常高兴。语文方面的学习,尤其古诗,她背不会,她说自己记忆力不行,我说:不是你不行,是你不能吃苦,以前没有好好用脑子。脑子是越用越好使,千万不能偷懒。语文学习一定要朗诵课文,好的段落要背会,尤其是古诗词,一定要先读懂,弄明白是什么意思,讲得是什么情景,多读几遍,带着感情去读,将自己放到情景中去体会,试着体会作者的体会,真正地理解作者的意图,背就容易得多。及时复习是增强记忆、防止遗忘的最好方法。就这样,经过一段的练习背诵课文对他来说也不是什么困难的事情了。她自己也说从来没有这样努力过,前六年的努力,也没这一年用功。经过自己的努力奋斗,她已经摆脱了“差等生”这个不太好听的名字,上升到中等生的队伍中,而且表现突出,学习面貌发生了极大的变化,在后阶段还上升到了中上等。这时,她的学习态度、学习心情也比过去好了很多,最关键的是比过去更有了自信心。

孩子学习知识，一定要学会运用和实践。比如，学英语就要大胆张嘴说，又如，只有下水才有可能学会游泳。只学习理论要领，不去实践，是永远过不了关的。而在实践过程中，通过对内容的提取和运用，能够有效增强记忆力。

第二节　观察力

一、问题阐述

观察力是指人有目的、有计划地迅速发现事物细节和特征等方面的知觉能力。在这里需要指出的是，我们所说的"观察"，不只要用眼睛，还要用五官，更要用脑子。

> **重点提示：**
>
> 观察是知觉的先导，是思维的前提，是想象的基础。

观察力在一个人的智能发展中起着举足轻重的作用,观察力强的人,其感受能力、领悟能力以及发现的能力等都是超于他人的,而这些都是想象力和思维能力的基础。因此,观察力的培养有助于促进孩子想象力和思维能力的发展。观察力是如此重要,但是现在有些小学生沉溺于网络世界,不主动去观察生活中的事物,缺乏观察意识和观察能力。

记得儿子在小学二年级上学期时,有一次考试回来,对我说,考试中有一道题,他计算出 1 斤苹果是 2 元钱,觉得不对头(当时 1979 年大约 1 斤苹果就 5 毛钱,2 元钱就太贵了)。后来,他用除法算出了 1 斤苹果 5 毛钱。这就是因为我经常让他上街买东西,所以他对应用题就比较清楚。他还说这道题是除法,而不是乘法。那么,一开始慌慌张张地用乘法做是错误的。我表扬并鼓励了他这种在考试中灵活应用所学知识的行为,以及应变的能力和敏捷的思路。而这些都需要从小抓起,这样他将来才会善于发挥其能量(让他上街买东西时,会把运算与实际应用联系在一起,同时也丰富了他的想象力)。

二、原因剖析

小学生观察能力不足是因为孩子的观察行为缺乏自觉性、稳定性、持续性、系统性和概括性。幼儿观察时,大多是凭借自己的兴趣爱好,主观能动性差,不能自主地认识事物的形状、特点和特色。

小学生在观察过程中,由于不能长时间地集中注意力,观察行为缺乏稳定性,不能持续进行。同时,小学生还处在继续学习阶段,文化知识体系还不健全,语言概括能力还欠缺,往往发现不了事物之间的内在联系和本质特征,不能准确描述事物的整体特征和细节特点,缺乏系统性和概括性。

因此,家长应加强对小学生观察品质的培养,有意识地教授孩子一些有效观察的方法,引导孩子遵循一定的规律,比如,在寻找两幅图画的不同点时,家长可以引导孩子遵循一定的方位顺序进行观察,并适当做标记,而不是毫无顺序地胡乱比较。

三、解决对策

儿童观察力的发展是智力发展不可缺少的一部分,培养儿童的观察力是家长不可推卸的责任。那么,如何培养儿童的观察能力呢?

1.培养孩子观察的兴趣

井深胜先生发现:出生的婴儿并不满足咕噜咕噜会转的八音盒或哗啦棒,如果偶尔飞来一只苍蝇,婴儿会马上把注意力集中过去,表现出说不出的兴趣。他认为,这说明婴儿患有一种"渴望刺激征"。他主张应该尽可能地带孩子到外面去,"对孩子来说,大自然是学习的宝库","在美丽的大自然之中婴儿的身心都会变得更加活泼"。如果孩子没有观察兴趣,只是依赖家长的指示或说教,观察力是培养不起来的。

2.教会孩子观察的方法和技巧

学习观察的方法和技巧是培养观察力的一种重要手段。在观察活动中,家长要有意地引导孩子,教会孩子掌握一定的观察顺序,如从左到右、从上到下、先近后远、从整体到局部等。同时,要引导孩子运用多种感官去观察事物,如观察夏天,不仅要让孩子去看,看树木、看庄稼,还要让孩子去听,听流水、听鸟语,等等。通过多种感官的运用,孩子对事物会有更加客观、更加真实的认识,从而提高其观察能力。

3. 培养孩子善于观察的习惯

著名侦探福尔摩斯曾说过:"你每天都从贝克街的楼梯上走过,但是你却不知道有几个台阶,因为你只是在看;而我是在观察,所以我知道台阶的数量。"可见,所谓观察不是随便看看而已,更需要用心去看。因此,在日常的教育中,家长要时刻注意培养孩子的观察意识,教给孩子一些有效的观察方法,促使孩子养成观察的良好习惯。前面有给大家说明,比如让孩子有意识地上街"找茬儿",看看广告牌或指示牌等有什么错字错用的现象。都是非常好的提高观察力的方法。

第三节　逻辑推理能力

一、问题阐述

逻辑推理能力是一种根据周围环境和活动找出其内在逻辑,推理出符合逻辑的结论的能力。只有具备了逻辑推理能力,才能对事物做出符合逻辑的正确的判断。

> **重点提示:**
>
> 逻辑推理能力是个体智力的核心部分。

中国孩子在这方面与其他发达国家的孩子相比有一定的差距。很多学生集中表现出"高分低能"的特点,这与应试教育的客观存在有很大关系,往往为了得到分数,投入了大量重复的训练,而忽视的思维能力的培养。

二、原因剖析

造成小学生逻辑推理能力欠缺或不足的原因是多方面的。主要表现为以下几方面：

1.认识事物的角度太过单一

逻辑推理能力是针对多个事物或事物间的联系而言的，能够以联系的观点看问题，辨清楚事物内部及事物之间的关系，是提高逻辑思维能力所需具备的重要前提。但是，由于小学生的认知能力和思维模式不健全、不成熟，不能全方位、多角度、多层次地认识事物，自然也就缺乏概括事物特点以及准确辨别事物内部各要素之间联系的能力。

2.想象力不够丰富

想象力是影响逻辑推理能力的一个重要因素。但是，众所周知，让孩子拥有丰富的想象力并不是一件容易的事情。具体可以从以下三方面入手：第一，要有扎实的知识基础，这就需要孩子平时要多搜集素材，以拓宽自己的知识面；第二，要对自己已有的知识进行加工，进行正确的表征，这是培养想象力至关重要的一个环节，否则，存在脑子里的知识仍旧是单个的知识点，形不成知识面，即便孩子掌握的知识再多，也联系不起来，想象力还是得不到发展；第三，提高孩子的语言表达能力，这就需要孩子积累更多的词汇量，才能形象地把一个事物表述出来。毕竟，想象依赖于语言。

然而，小学生在素材积累、形象加工和语言表达方面的能力却是不足的，甚至是缺失的。因此，依托于想象力的逻辑推理能力也是不尽如人意的。

3.情绪状态有待改善

心理学相关研究表明:不良的心境会影响逻辑推理的速度以及准确程度。也就是说忧郁、紧张、烦恼等类似的消极情绪都是孩子思维能力发展的障碍。尤其是当今社会的小学生课业压力超负荷,常常写作业到深夜,再加上家长的期望等一些外界因素的干扰,使得小学生极易处于烦恼、忧郁的情绪状态,这一系列的不良心境严重影响了其逻辑推理能力的发展。所以,当代小学生要学会管理自己的情绪,调解自己的心境,让自己保持一个良好、平和的心态,从而提高自己的逻辑思维能力。

4.丰富的互联网资源的副作用

随着多媒体时代的到来,科学技术衍生出了许多智能产品,手机、电脑、平板等的使用越来越普遍。这些高科技在为我们的生活带来便利的同时,也增加了人们对智能产品的依赖性。无论是在生活中还是在工作中,遇到问题的第一时间,大家都习惯性地在网上搜索寻求答案。长此以往,大到成人,小到幼儿,慢慢地形成了思维惰性,逻辑推理能力的发展自然也就越来越欠缺。

三、解决对策

那么,如何提高小学生的逻辑推理能力呢?

1. 让孩子多动脑

对孩子来讲,要让他自己多动脑,因为脑力劳动是不可替代的。家长自己动脑多,那么相对而言,孩子就动脑少了。长时间下去,孩子的脑子就不灵活了,因为脑子是越用越好使的,长时间不用就会"生锈"。

我大学时的一位同学,是一位数学特级教师,他把一批批孩子送进了大学校门,唯独自己的孩子考不上大学。他的孩子相当聪明,就是数学总不及格。这是因为他平时给孩子讲解的时候过于认真,过于细化,没有给孩子自己动脑筋的机会。他问我该怎么办?我给他讲了我一个学生赵磊的例子:当时他读初中,有道应用题不会做,就来问我。我审题之后,说:"这道题很简单,你能做出来的,只是你现在头痛,需要休息一会。我相信你一定会做出来的,你自己去做吧。"下午再问他,"那道题做出来了没有?"他说:"做出来了,就像您讲的那样,挺简单的,一点也不难。"果不其然,我一检查,非常棒,不仅过程的每一步都对,而且方法还比较简单。这就说明促使孩子自己动脑解决问题,比老师事无巨细地讲解效果要好得多。如果讲解过程过于细化,孩子就会懒得自己动脑筋。因为孩子的思维是家长替代不了的,因此,在数学学习过程中,家长要注意培养孩子逻辑推理的思维能力,以提高其数学水平。在平常的学习中,注重孩子的数学符号应用方式和数学语言的表达形式,当然,家长或老师在讲解时,也要以身作则,尽量运用数学语言解读。当你讲解过一道数学题后,应请孩子用数学语言再亲自讲一遍。如果你听懂了，说明孩子确实理解到位了，是真正地掌握了知识点。其实孩子亲自讲解的过程不仅提高了其逻辑思维的运用能力，也很好地锻炼了孩子语言的表达能力。

要想让孩子动脑筋，家长就不宜讲得太多、太细。学习上最好让孩子独立发展，并独立完成作业，而不是靠老师教或靠参考答案完成的。例如，这道题是自己做的还是老师教的，两种情况截然不同。自己独立完成的作业，他永远会做，而不需要题海大战，而且可以以此不断提高自己的能力和实力，以不变应万变。

2. 培养幼儿操作运算的能力

皮亚杰认为："认识起因于主客体之间的相互作用，这种作用发生在主体和客体之间，因而既包含着主体又包含着客体"。活动既是感知的源泉，又是思维发展的基础。根据这一观点，我们认为，在早期教育中，家长应注重培养儿童的操作运算能力，发展其思维能力。

当孩子玩玩具时，最好让孩子按照自己的设想去组合，去发挥玩具的最大功能，而不必按照成长设计去进行。儿童模仿社会现象进行的各种游戏，对儿童的身心健康发展都是极为有益的。因为儿童的思维和智力摄取了"生活经验"中的营养，就会迅速成长起来。因此，过早地把儿童局限在狭小范围内进行简单的学习或训练，有害无益。

运算是内化了的动作，是把动作搬到大脑里的一种认识活动。运算能协调各种活动成为一个运算系统，并渗透在整个思维活动中，因此，在早期教育中应该充分注意对儿童运算能力的培养。帆帆在三年级时学会了珠算，计算题从来没有出错。珠算就是一种内化了的计算，会令脑部的前额部位形成图像,而这对记忆力和智力都是极大的开发。

※家长作业:

1. 孩子记东西记得快吗? 准确率怎么样?

2. 孩子平常爱观察吗? 试着让孩子观察一种植物并描述。

3. 孩子平常爱做哪些关于逻辑推理的游戏? 你会和孩子一起做吗?

第六章　交际篇

　　人际关系对每个人的情绪、工作和生活有很大的影响，人与人之间的沟通交往可以说是社会实践中的一项重要活动。对于正处于学习阶段的小学生而言，拥有较强的人际交往能力、良好的人际关系对于其个性和人格的发展有积极作用。

　　但现阶段的小学生迫于沉重的课业负担，没有了玩耍时间，也没有了交友时间，结果是人际交往能力偏弱，甚至是缺乏，不能很好地处理学习和生活中的问题，最终导致很多学生出现了自卑、自闭、抑郁、自杀等不幸事件，可以说已经严重影响了当代小学生的健康成长，同时也引起了学校以及社会各界的广泛关注。

　　本章主要从小学生的同伴关系、师生关系、亲子关系三个方面进行阐释，并给出具体的指导建议，帮助小学生建立良好的人际关系。

第一节　同伴关系

一、问题阐述

随着社会的进步,经济的发展,对人们的素养有了越来越高的要求,尤其是相互协作的精神、相互交流合作的能力,这些都是建立在社交关系基础之上的,也就是说对社交能力有一定的要求。而对于小学生来说,他们有着相似的学习、目标、兴趣、爱好等,所以更容

> **重点提示:**
>
> 同伴关系主要是指同龄人间或心理发展水平相当的个体在交往过程中建立和发展起来的一种人际关系。

易建立同学伙伴关系,但这个过程与小学生的认知过程及其在班级中的集体活动经验有关。

人与人之间的关系是建立在其他外部条件之上的,比如说家离得近,或者说学校的同班同学,同桌等都会先建立同伴关系;渐渐地,他们的交往就会出现新的标准:第一,他们喜欢和优秀的人做朋友,学习成绩好、能力比自己强的人;第二,倾向于喜欢和自己性格、兴趣、爱好相似的人做朋友。

小学生之间的互相交往可谓是好处颇多。彼此间的情感交流可以调节情绪,有利于小学生的身心健康发展;学习中的互帮互助,有利于小学生互相取长补短,共同提高,共同成长;有利于他们开阔视野,增长知识,培养其合作的意识和能力;在与小伙伴的交往中还会培养孩子们自我教

育、自我管理的能力。因此,学校要对小学生加强人际交往方面的教育,这是社会发展对未来人才提出的新要求。

然而,小学生常常由于自身心理发展尚未成熟,及社会阅历的缺乏,导致他们虽有强烈的社交欲望,却由于自身社交能力低下,而出现种种不良倾向。有调查表明,不少小学生在人际交往过程中会表现出胆怯懦弱、跟风随大流、以自我为中心、脾气暴躁、逆反倾向、嫉妒别人等不良倾向。

二、原因剖析

1. 以自我为中心

现在,很多小学生都是独生子女。由于爷爷奶奶、外公外婆以及父母的毫无原则的宠溺,很多小学生形成了以自我为中心的个性。主要表现为在与同学相处时,只顾自己的感受全然不顾及他人的想法,凡事以自我为中心,希望别人服从自己,喜欢让别人围着他转,不懂得谦让,总是喜欢以自己的眼光去评判周围的事物,自行其是,独断专行。

曾经有一个孩子叫小华,他是个学习比较优秀的学生,课堂上他常常大胆发表自己的见解,因此得到了老师较多的关注与宠爱。他的家庭比较富裕,平时穿着名牌,还常常从家里带些别致的小文具在同学间炫耀。他认为自己很出色,瞧不起班里的同学,在和同学交往中一定要大家听他的,否则他就发脾气,跟同学闹翻。久而久之,大家都不愿意跟他一起玩,他成了一个不受大家欢迎的人。

以自我为中心是当今小学生中较为普遍的现象之一,产生这种现象的主要原因是家庭教育方式方法的不恰当,从小没有塑造孩子良好的性格。像小华这样,从小各方面的发展都很不错,获得了很多奖项,总是受到夸奖,可是他不能正确对待批评,情感脆弱,耐挫性差,无法对自己和其他事物有一个客观的认识。

像这种以自我为中心只关心自己感受而不顾忌他人的孩子,遭到大家的排斥也是自作自受。换个角度想,除非他能容忍别人像他一样做,那就继续这样吧。不仅同学不喜欢他,连老师也无法掩饰对他的反感,虽然他的父母可以无条件地呵护他,但最终也无法接受他。当然,罪不在孩子,在我看来是父母对孩子的教化不够,小华在学校的遭遇最终使他的父母有所警醒。于是,他们带孩子找到我,我对小华说你要改变自己的做法。孩子说:已经晚了,大家都不理我。还说:我也做过努力,但他们还是不接受我。我说,那还是你做得不够好,不够诚恳。要知道,改变别人对你已经形成的印象本来就不容易,所以你不仅需要努力,还需要加倍努力。我说你你应该尝试一下如何替别人考虑,如何帮助别人,如何为班集体夺得更多的荣誉。只有这样,才会换来别人对你的尊重和认同。别人才会向你伸来友谊的橄榄枝。

当然,只有本人产生了这种不舒服的状态,本人才会痛下试图改变不利局面的决心。也只有这样,生活的状态才能得到改变,心情才会变得舒畅和愉悦,也才能学习和生活变得更加正常开心。

2. 缺乏自信

有些家庭中,父母教育孩子的方式过于严苛,严格约束孩子的生活学习行为,孩子事事都得听从父母的意见,失去了自我判断的意识和能力,扼杀了孩子活泼好动的天性。儿童长期在这种教养方式下成长,慢慢就会变得没有自信、胆怯畏羞，甚至不敢和陌生人交流沟通；同时还会变得十分敏感，特别在意周围人的看法和观点，甚至别人的一句玩笑话也会引起其情绪波动，对自己的定位不准确，在遇到困难和挫折时，很容易走向另一个极端，灰心丧气，产生自卑心理，再加上没有得到及时的疏导，甚至会造成恶性循环。

刚读二年级的丁当在家是个很听话的孩子，做事情也很认真，美中不足的是跟别人一说话脸就红，而且说话声音很小，无法准确表达自己的意愿和思想。久而久之，大家都不太愿意与他交往，都觉得跟他交谈很吃力。而丁当也意识到大家对他的疏远，变得越来越没有自信，因而愈发沉默孤僻。

我们身边有不乏一些像丁当这样的孩子，他们敏感、缺乏自信和恒心。而这些问题可以说主要是由家庭教育方式不当造成的。

3. 嫉妒他人

存有"嫉妒"这种不良的心理反应的人，不能把握自己的人生坐标，不能正确估计自己，不能正视客观事实，事事都喜欢与别人做比较，讨厌比自己优秀的人，导致自己的事情搞得一团糟。对于小学生来说，学习的竞争性，往往容易使个别同学在内心产生不同程度的嫉妒心理。根据德国心理学家迈特尔·弗赖的理论，可知嫉妒有黑白之分。其中，"黑色嫉妒"具有一定的消极性、破坏性；由于不能接受别人超越自己而怨恨、贬损或压抑他人，总觉得别人的优秀是通过采取不正当的手段实现的。"白色嫉妒"则是善意的，积极向上的，源于对他人由衷的敬佩或者羡慕，会觉得自己与他人有差距,需要努力。

　　小丽的学习成绩一般,在班里与同学格格不入,看到别人考试考得好,就觉得人家是抄来的;看到别人乐于助人,热爱劳动,就觉得人家是在出风头;看到别人比自己长得漂亮、能力比自己厉害,就怀恨在心,不是冷嘲热讽,就是一心想着报复别人。

　　像小丽这种心理,属于黑色嫉妒,是一种不良的心理状态。对此,作为家长,我们应该认真分析孩子产生嫉妒心理的真正原因,和孩子一起讨论分析嫉妒这种不良心态的后果,让孩子真正认识到这种嫉妒心态的危害;在此基础上,引导孩子将"黑色嫉妒"转变为"白色嫉妒",成为孩子成长的一种动力,帮助孩子正确分析自身的优缺点,树立正确的奋斗目标,塑造孩子自尊、友善的性格。

4.性格自闭

有些学生的性格比较内向孤僻,不喜欢也不善于与他人沟通交流:他们没有朋友,有心事却无处诉说;每天一个人孤单的身影穿梭于家校之间;在班级里总是被人忽视的对象;甚至在毕业的时候,大家都喊不出他的名字……这种现象在我们看来是很可悲的,但事实上,这些学生往往觉得别人的观点别人的看法都无所谓,自己一个人也可以处理好学习上和生活上的事情……但是,这样的孩子学习成绩往往不太理想,而且来到社会上比较容易受挫。因为我们所生存的社会是一个充满着激烈竞争的社会,同时也是一个充满着合作的社会;不善于与别人沟通交流、不善于与人合作的人很难取得成功。所以,我们当父母的必须留意自己孩子是否存在这种状态,如果有的话,家长就应该采取一些措施来干预孩子的这种行为。比如说:鼓励孩子上课主动回答老师的问题,积极参加班集体活动,主动和同学沟通交流;告诉孩子回答错了并不丢脸,不要担心自己做不好,办不到;鼓励孩子多帮助人、做好事,向别人表达自己的善意,把自己的友好展示给大家。

三、解决对策

1.树立正确的交友观

在人际交往中,人们往往容易受主观因素的影响。为了使小学生建立良好的同伴关系,家长要从认知层面帮助他们克服偏见。

有些孩子非常喜欢去学校,但是却不喜欢学习。对此,家长总是困惑不解。其实,孩子出现这种状况是因为在学校里有他的小伙伴、好朋友,与其说孩子喜欢去学校,不如说孩子放不下学校的小伙伴、好朋友。

还有一些孩子把自己在学校的大部分精力都投入到好朋友的身上，他们和朋友之间的亲密关系胜于自己的父母，于自己的朋友而言，往往是一日不见如隔三秋之感，他会记得好朋友的生日并送上一份不算贵的精美礼物。当与好朋友闹别扭的时候，会很难过，甚至会焦急地流眼泪。这种现象我们称之为"情感依赖"。

显然，这些孩子在与人交往的时候很热情、很主动，但其内心是脆弱的。因为他往往不知道自己在干什么，自己是谁；在他们心中，朋友就是自己的一切……处于这种状态的孩子，一旦被所谓的"朋友"背叛了、受伤了，就很容易陷入痛苦而不能自拔。因为这种不对等的交友方式本身就使孩子处于一种被动状态。

2. 与志趣相投的人交友

我们每个人都是需要朋友的，但不能"滥交"，要明白朋友不在于数量而在于质量。我们要与那些和自己有相同志趣的人做朋友。试想，你身边有很多朋友，但是当你需要他们的时候，一个个都不能出现在你身边，或者种种理由不能帮助你，那么这个时候你还会把他们当作你的朋友吗？你需要这样的朋友吗？

真正意义上的朋友，应该是说话很投机，彼此信赖。当你们在一起的时候，有话题聊，且对事物的基本态度保持一致，大家都不可能和自己讨厌的人做朋友，我们之所以讨厌这个人是因为在他身上有我们不喜欢的某种特点：比如说他经常讲脏话、行为举止比较粗鲁、经常抽烟酗酒……当然也不乏这样的案例：有同学说，虽然我的朋友身上有一些我看不惯的习惯，但是他对我很好，所以我可以包容他身上的缺点，到后来，慢慢地发现，他讲脏话也好、抽烟喝酒也好，在我这里都很正常了，这就说明你的气场相对于你所谓的朋友来说太弱了。这也就是小时候我们的父母经常告诫我们不要和学习不好或者习惯不好的孩子走得太近的原因，现在看来还是有道理的。为什么有些的学生身边的朋友也都很优秀呢？出于嫉妒心理，学习好的学生难免会受到一些恶意"攻击"，但是又不想对老师和家长说，宁愿和朋友倾诉，所以，他们只能找同样优秀的人来对付这件事。人只有在与其他人的沟通交流中才能增加自己的社会阅历，才能更快地成长，前提是你自己必须有明确的人生目标和坚定的意志，才不会在未来的交流中迷失自我。

到底怎样才能算得上是真正的朋友呢？有人把朋友划分为三个级别：第一级别的朋友，会促进双方的自我提升；第二级别的朋友，在一起会让双方感觉到快乐；第三个级别的朋友则会给自己带来痛苦，甚至拖你的后腿。大家也许会问，经常给自己找麻烦的朋友算不算朋友啊？在这里我们要把麻烦分为两个方面来看：如果这种"麻烦"，虽然会占用自己的一部分时间，但是你会在帮助他解决掉"麻烦"的过程中体验到快乐，那么这种"麻烦"就不算是麻烦；但如果这种麻烦超出了你所能接受的程度范围，甚至触碰了法律的红线，那么这种麻烦就是真正意义上的麻烦，这段友情还是趁早结束为好。

3. 家长要正确认识好学生与差学生，不要盲目限制孩子的交际圈

至此，大家肯定会产生一些疑问，比如说学习靠后一点的学生会说，"我自己就是个差生，好学生不会和我做朋友，家长还不让我和比自己还差的同学做朋友，那我注定没有朋友了。"

其实不是这样子的，我们所讲的好学生和坏学生并不是单从学习成绩上来判断的，所以大家上面的担忧是不存在的。所谓的好学生是自我

控制能力比较好,每天都会有进步与收获。作为家长,应该秉持这样一个理念:没有永远的坏孩子!作为孩子,首先要有自信,相信自己是最棒的,自己是最优秀的,并朝着自己的理想目标去奋斗,一点一滴地积累,一点一滴地升华,持之以恒,坚持下去,你就会发现,自己会变得越来越优秀,身边的优秀朋友也会越来越多;而且,你还会慢慢具备帮助那些不如自己的人改变自我的能力。否则的话,即使你学习成绩再好,不求上进,只满足于现在的状态,也算不上所谓的好学生!

俗话说:"人以群分,物以类聚",你是个什么样的人,你就会吸引什么样的人。当然还有一句话是这么说的:"如果你尊重别人的话,别人同样也会尊重你!"相似的道理,如果你想交到什么样的朋友,你首先就要变成什么样的人。把自己变成自己所喜欢的人,就会交到可以促使自己进步的好朋友!我相信,看了我的书的家长(学生)都会变得智慧的,一定可以交到孩子(或自己)想要的朋友。

第二节 师生关系

一、问题阐述

师生关系是所有人际关系中很重要的一种关系。尤其是对于小学生而言,刚从幼儿园升入小学,好多规则意识还未树立,所以小学老师在小学生的成长中的作用举足轻重,既要抓学生的

> **重点提示:**
>
> 与中学教师相比,小学教师的关心和帮助更加具体而细致,也更具有权威性。

学习,又要兼顾孩子们的品行树立。

很多家长肯定都遇到过这样的情况:孩子放学回到家,常常挂在嘴边的一句话是:"我们老师说了……"在自己还没有足够的判断能力和独立办事能力的情况下,对老师说的话都会毫不怀疑地执行。其实,这样有助于刚刚步入小学的小学生们很快地适应新的学习、生活环境,并掌握一定的技能技巧。

但是,随着年龄的增长,小学生的独立意识和评价意识都有所发展。到小学三年级左右,他们对老师说教的态度,不再是无条件地服从;对自己喜欢的老师,他们会开心地去执行老师的命令;而对于他们不喜欢的老师,不管是那位老师的要求还是批评,都只会加深小学生对这位老师的不满与反感,不配合老师的教学、管理工作。可见,保持良好的师生关系是非常重要的!

二、原因剖析

1. 教师对学生的期望

心理学研究表明:教师的期望对于学生的成长具有影响作用;教师期望值较高时,有助于学生的成长与进步。而教师对每位学生的期望受到诸如:家庭背景、经济状况、学生个人的聪慧度等一些关键因素的影响,这也就是平时我们所见到的老师对孩子不公平的原因。当老师对所喜欢学生的关注度比较高,比如说在上课过程中会有更多地眼神交流,会更耐心地倾听学生的所问所答,会更用心地批改学生的作业和试卷……在这样"待遇"下的学生,自然会很喜欢这位老师,并喜欢上他的课,也会更加努力地学好这门课,那么,其学习成绩一般来说不会差。

对于那些受到老师高期望的学生,如果学习成绩不好的话,老师会说是因为该学生没有认真学习;而对于那些老师不太看好的学生来说,对其期望值也比较低,如果该类学生学习成绩不好,老师就会说是其能力不行,不是块学习的料……其实,作为一名教师,教书育人、关爱学生是应具备的最基本素质,把每一个孩子都当作是可教化的人,因材施教,发掘每个孩子身上的闪光点,成就每个孩子的未来!

2. 老师偏袒不公

由于种种原因,或是学习成绩,或是家庭背景,或是血缘关系,有的老师会偏心袒护个别学生。因为这种不公平的做法,老师在学生心目中的形象会受到影响,学生无法像从前那样认可和崇拜老师。如果老师的这种行为不能改变,久而久之,学生会越来越不喜欢这个老师。尤其是那些受到不公正待遇的学生,不仅对老师产生憎恶,甚至会对社会产生仇恨。

3.老师的外在形象

由于小学生的思维特点,对一个老师的喜欢或厌恶,很大程度上是因为老师的外在形象问题。如果老师颜值很高,穿着干净时尚,同时又讲一口流利的普通话,小学生会因为良好的第一印象而深深喜欢上老师,以及这位老师所教的科目。反之,教师穿得邋里邋遢,衣冠不整,甚至衣服有油渍等,学生会自然地不喜欢这位老师,敬而远之,甚至不喜欢他所教的科目。我的儿子曾经写过一篇回忆他的历史老师张文锐的文章。

就拿我来说,到现在我还有个偏执就是不喜欢说话带方言的老师。因为听这样的课实在是太费劲了。但也有例外,记得上中学的时候,历史课老师就是一个方言很重的人。不过,他只用了一分钟就完全改变了我对他的看法。

在上第一堂课的时候,当他用浓重的地方口音介绍自己时,已经使我心生厌倦,历史是副科,本来从心里就瞧不起他,再加上其貌不扬,地方口音甚重的代课老师,于是就开始准备搞点别的活动了。可这位老师接下来的话让人是那么诧异和感动,让我一辈子都难以忘却。他讲道:"同学们,很抱歉,我的方言很重,让你们听着吃力,我尽量会说得慢点"。

对当时的我们来说,听懂他这段话虽然也比较吃力,但依然觉得非常美妙。那一刻,真为自己30秒前的看法感到羞愧。因为在这之前,还从来没有听到过一个老师向学生说对不起。所以觉得很稀罕。更关键的是,我认为这个老师是值得尊重的。于是不由得挺直了身体,虽然当时并不喜欢历史课,而且知道许多同学对这个老师和他的课程并不领情。但为了向尊敬的老师有所表示和回馈,要求自己做出一副非常认真听讲的样子。让这位老师知道，在他的课堂上，至少还有一个学生在认真听他的课。

我虽没有从事与历史相关的工作，在这方面更没有什么造诣可言，但我依然认为这对我的帮助是非常大的。因为我感觉到了快乐。

可惜，人无完人，我们对别人或多或少总是会有点看法的。许多学生对老师都有自己的评判标准，尤其认为老师不应该有私心或偏心于个别学生，这点也是大多数学生所不喜欢的。所以，当这种老师来上课时，学生就来气，老师越开心，学生就越生气。哪有什么心思学好啊。

确实，当我们面对一个不喜欢的老师在面前侃侃而谈时，学习的心气儿真的是很难提起来。于是有许多同学可以找到很多理由不喜欢一个老师，然后以此作为可以不学或不学好这门课的理由，这种行为实在是太愚笨了。但如果只是因为不喜欢代课老师就不喜欢他的课程，那么，最大的输家一定是自己。这样的问题随着年级的增长而增多。那么如何调整呢？当然，我们接下来所说的解决对策，有效的前提是孩子至少认为学习对他自己是必要的。

三、解决对策

1. 树立孩子的自信心

在日常学习和生活中，家长应多鼓励孩子，多表扬孩子，让孩子在赞誉声中明白自己其实没有想象中的那么差劲，激发孩子的斗志，树立孩子的自信心。在各种社交场合中，应顺其自然地让孩子有表现自我的机会，而不要过多地指责或干预。家长要告诉孩子，相信只要兴致勃勃地干，你自己的能力必定能发挥出来。

女生小刘，平时寡言少语，行动拘束，遇事退缩，极其胆小怕事，总觉得多一事不如少一事，遇到困难就惊慌失措，不知如何是好。一年级到三年级成绩在班里一直不错，可进入四年级以后，由于心理压力加大，心理脆弱，小刘开始变得忧虑起来，成绩直线退步。上课时面对老师的提问总怕答错，害怕当众出丑，经常站着半天也说不出话来。在与人交往时，常常会不由自主地约束自己的言行，神态也显得极不自然，甚至躲躲闪闪，手足无措。

生活中，有很多像小刘这样因为拘谨怯懦而不敢与老师交流的孩子。孩子怯懦拘谨是由于对自身的生活、学习、工作等问题缺乏深刻的认识和坚定信念，以至于在较长时期内由于忧心忡忡、情绪低落而产生的一种心理体验。小刘因为怯懦拘谨而影响了学习和人际交往，难与他人建立亲密的关系。对于怯懦拘谨的人来说，千万不要为自己的短处而紧张，恰恰相反，应经常想到自己的长处。因此，家长要经常告诉孩子，并使其深信："天生我材必有用。"

2. 实行家校共育

家庭教育和学校教育对孩子的成长都起着至关重要的作用。因此，可以建立家校共育机制，共同为孩子的健康快乐成长做出一份努力。

家庭教育和学校教育都应将孩子作为教育主体，相互配合，形成教育合力。因此，家校共育，总的目的是为了孩子的健康成长，让孩子充分享受来自老师和家长的关怀，享受教育给孩子带来的欢乐。学校教育的工作策略是集中式、群体型的，家庭教育势必要起到补充、调整、优化的作用。同时由于家庭的千差万别，以及家长对子女的教育目标、成才的期望各不相同，因此家长对子女的教育理念和培养目标也会不相同，而孩子的情况更是千差万别。所以我们的家长必须把学校教育和家庭教育紧密结合起来，具体分析每个孩子的实际情况，正确引导孩子成长成才，让孩子健康成长，成为有用之人。

最后，特别要说明的一点是，如果没有特别的原因，一般不要在孩子面前公然对老师做出负面的评判或指责。在孩子内心梳理对教师的尊重，不仅是礼仪，更是智慧。

当然，如果你的孩子不幸遇到愚蠢而傲慢的老师，首先要懂得逃避。实在绕不开来自这位老师的伤害和欺凌，家长要做的事情就是：为孩子讨个说法。因为，那个时候最重要的收获不是获得老师的妥协甚至道歉，更重要的是不能让孩子失去对父亲或母亲的信任与期待。

第三节　亲子关系

一、问题阐述

处于小学阶段的孩子，虽然自己的同学、伙伴越来越多了，但是父母仍然是他们最坚强的后盾。因此，小学生与父母的关系在其成长过程中仍起着重要作用。

> **重点提示：**
> 亲子关系对小学生的发展产生非常重大的影响。

有个比喻很形象，"老鼠打洞窝里横"。经常会看见很多孩子在商场、餐馆等地方，旁若无人、趾高气扬地使唤着父母或爷爷奶奶。显然，这样的状态绝对不是合适合理的亲子关系。

二、原因剖析

大多数家长在教育孩子过程中会采取以下几项措施：1、以说教为主的方式的传递信息，直接把一些基本准则和经验之道用口头传达或者以身示范等方式教给孩子。不过，孩子觉得老师更对，于是摆出一副无所谓的样子；2、以恩威并施的方式进行反馈，当孩子有了进步或错误的时候，家长采取奖励或惩罚的方式来"刺激"孩子。不过，到了后来，奖励照单收下，而对惩罚根本就是无视；3、以陈列比较的方式进行激励，经常把自己的孩子与他人的孩子对比，列举好孩子的榜样激励孩子，或者分享自己的成功经验给孩子。不过，孩子经常是漫不经心地当作耳旁风，听到烦躁处往往还会嘲讽家长又是老一套。

可以看出，虽然家长也是挖空心思，不过以上的做法似乎也不是很管用，经常会搞得鸡飞狗跳，经常存在各种亲子关系不和谐的声音。

1.孩子的逆反心理

很多小学生自我意识强，总爱与父母抬杠，对许多事情，不分是非曲直，你说好他偏说坏；你说一他偏说二，你说东他偏说西，容易使人产生反感和厌恶。为此，家长要爱护孩子的自尊心，对其不合理的行为应循循善诱，对其合理的需求应予以满足，以此消除其逆反心理。同时注意，对孩子不能期望过高，以免造成孩子过大的心理压力。

有个叫小马的学生,总喜欢和父母对着干,父母的话总是不听。在家里,父母要他整理自己的房间,他却故意把房间弄得更乱;吃饭时,妈妈让他饭前洗手,他却偏偏喜欢在不洗手的情况下吃东西,有时还明知故犯,妈妈和他讲道理,他却总是左耳朵进右耳朵出,依然如故。长此以往,父母都拿他没辙了。

2. 隔代教育

随着经济的发展,年轻的父母忙于应对工作、生存、生活等各方面的压力,无暇顾及孩子,隔代教育现象随之愈来愈普遍。尤其有许多家长,不得不背井离乡在城市里打工谋生,留守儿童也随之日益增多。由于父母常年在外,这些孩子的生活完全托管给了乡下的爷爷奶奶、外公外婆,倒逼了"隔代教育"的发生。如何让孩子在隔代教育的环境下健康成长,这一问题亟待解决。

三、解决对策

1.善于发现孩子的优点

世界上没有完美的人,不是所有的人都一无是处,也并非每一个人都完美无瑕。因此,家长要正确认识孩子,善于发现孩子的优点,正视孩子的弱点,扬长补短,促进孩子的智力发展。

我弟弟18岁时,个子长得很高,热爱体育运动,他从小就喜欢运动,善于打篮球,当时正值参军热,原兰州军区的篮球队要他,昆明军区的也要他。于是,他征求我的意见。我问他,打了篮球后,以后年纪大了干什么? 国家恢复了高考,那你为什么不去参加高考? 随后我让他回去好好想想。

回去之后,他根据自己的情况仔细考虑着。要上班? 条件一般;那么上大学呢? 考不上。"究竟干什么?"是他首先考虑的头等大事。弟弟还算是有头脑的人,他终于来找我了,对我说他要考大学,我问他考什么专业,他也说不清楚。我说:"你的选择面比较窄,所以要扬长避短。我看你考体育系胜算的概率比较大,一年考不上,第二年再考,就看你是否能吃苦,是否善于用脑子了? 起步虽然有些难,到后面就会容易得多了,你再回去后好好想一想,三天后再来。"我讲:"我得准备一下,考虑制定一个适合你的方案,不过,如果你吃不了苦,你就别来,由你选择。"

于是,当时上高一的他,白天要到学校上课,晚上和星期天来我家学习。他来之后,我对他提了几个问题:结果发现他小学的数学还凑合,但是初中的数学,可以说跟没学相差无几,这样的基础确实很差,不好教,只能因材施教,有针对性地对他的数学、语文和政治进行辅导。同时可以跟着老师在学校学习。就这样坚持了半年,数学解题变得还可以。当时还计划准备给他补物理、化学等学科,为了不作无用功,我还是到山西大学了解一下情况,看到底体育系要考几门功课。经了解,只考数学、语文、政治三门学科,同时,因为体育系属于理科,所以数学决不能考零分,但只要考二三十分就可以了。于是回来之后,我继续加强他在数学方面的学习及训练,尤其是概念方面的学习。还加上了体育的基础项目训练——这方面他有基础,再加上有目的的锻炼,百米跑、跳远、引体向上等项目的训练。每天早上都到操场去训练基本项目,晚上回来搞点语文鉴赏与分析,政治让他自己回去背。1978 年高考,体育系的文化课录取线是 85 分(数学、语文、政治),体育项目篮球是他的优势,顺利过关了。当年,7 千人的大厂——兴安化学材料厂有 4 个子弟考体育系,有两名就因为数学是零分没有录取。因为他数学考得还比较好,语文和政治考得也可以,当他收到山西大学体育系的录取通知书后,他真的有点儿不敢相信自己的眼睛。不仅他不相信,他的老师和同学也都不敢相信。

因为当初他正在读高一,所以我采取扬长避短的策略,使其发挥了自己的最高水平,他提前一年进入了大学的校门。后来,他在工作期间把中央党校的研究生也读完了,现在任职于某国防工业单位。

2. 重视孩子的非智力因素

孩子的学习是一个漫长复杂的过程。要想让孩子健康成长,不仅需要培养孩子的记忆力、观察力和逻辑推理能力等智力因素,也要注重培养孩子的兴趣、意志、品格等非智力因素。

李亦雯,就读于北京外国语大学,在她大学毕业时,收到了国外12所知名大学寄来的硕士录取通知书,她却放弃了世界著名的牛津大学,选择了英国首相布莱尔的母校——伦敦政治经济学院。

有记者曾就此对她进行了采访。

记者:从你的成长经历看,你觉得谁对你的影响最大?

李:应该是妈妈吧。她主动、积极、坚持的性格和人生态度,对我影响非常大。我和她一样,都不相信有不可能的事情。比如我曾联系去西门子实习,去了很多次,都被拒绝,但最后终于接受了我。而这就是坚持的结果。

记者:很多望子成龙的父母,都会带孩子去培优,你也有同样的经历吗?

李:从来没有。因为我父母认为,非智力因素的培养更重要一些。我听妈妈讲,小时候,她每天都为我写观察日记,看哪点进步了,哪点做得不够好,整整写了5大本。父母都很尊重我,两岁左右开始与我相关的事情都会跟我商量,让我自己做出选择。据说,我的很多好习惯,比如自控能力等,在6岁前就养成了;这都得益于父母的教育方法得当,所以后来他们很省心,我也很受益。

追踪李亦雯的成长经历,我们不难发现,非智力因素对孩子的成长也发挥着重要的作用。因此,家长在引导孩子时,不仅要重视智力因素的影响,也不能忽视非智力因素的影响,注重培养孩子的意志品格,建立良好的亲子关系。

3.加强感情投入,对孩子多些宽容,多些亲近

孩子渐渐长大,在某些方面必然会和家长的想法或多或少有些冲突,这个时候,家长切不可乱发脾气,"教训"孩子。要用自己的爱去感化孩子,对孩子多点耐心和鼓励,少些批评和指责,以此促进孩子在心理或思想上的转变,相信我们的孩子会变得成熟懂事起来!

※家长作业:

1.和孩子交流沟通,了解一下孩子的朋友多吗?

2.孩子最喜欢哪个科目的老师? 为什么?

3.您与孩子的亲子关系如何? 有哪些方面需要改善?

附录　相关知识

第一节　学生特点

引言:随着时代的发展,无论是对于家长,还是学生抑或教师,教育的要求和水准都愈加趋向高水平和严要求。许多家长为了不让孩子输在起跑线上,揠苗助长,过早地让孩子学习课程内容。初衷是让孩子领跑,却不曾想,过于激进的做法违背了孩子身心的发展规律,剥夺了孩子所在年龄段应有的童真与快乐,使孩子陷入厌学、焦虑的负面情绪中,最终落后于正常水平,事与愿违。因此,对于家长,了解孩子的身心发展特点是非常重要且必要的。本节从小学生的生理特点和心理特点入手,具体阐述不同学龄阶段孩子的身心发展规律,为家长的家庭教育工作提供科学客观的指导依据。

一、小学生的生理特点

小学生一般是指学龄期儿童,即 6~7 岁入小学起至 12~14 岁进入青春期为止的一个年龄段。这段时间,小学生体格生长仍稳步增长,除生殖系统外其他器官的发育到本阶段已接近成人水平。脑的形态已基本与成人相同,智能发育较学龄前更成熟,控制、理解、分析的综合能力也逐步增强,是增长知识、接受文化科学教育的重要时期。

小学生在经历婴儿期的第一个生长高峰期后,逐渐进入一个平稳发展的时期。体格生长速度较前更趋平稳,变化不是太明显,较少患病。身高平均每年增长 5.8~6.5 厘米,体重每年增长 1.5~2.5 千克。但到小学五六年级(10~12 岁)时,部分儿童已进入青春前期,体格生长进入第 2 次发育加速期,每年平均体重增加可高达 4~6 千克,身高每年平均可长 7 ~8 厘米。这一阶段的后期,女孩的身高体重开始超过同龄期的男孩,男孩直到进入青春期才会在身高体重方面超过女孩。

小学生生长发育的个体差异较大,这不仅与男女性别、营养状况有关,也和活动量大小、进入青春前期的早晚十分相关。小学生生长发育迅速,对外界刺激反应性强,适应能力差,抵抗力弱,因而容易受外界不良因素影响。他们的神经系统也是随着生长发育逐渐完善的。年龄越小,大脑皮质越易兴奋,也越易疲劳。听课时,他们的主动注意力维持时间较短,并易被外来刺激所分散。年龄越小,探究反射越强,主动抑制越差。

智力发育 在小学阶段,人的神经系统发育基本完成,分析综合能力明显增强,使其行为变得更有目的、更有意识,模仿力极强,并有一定的感情色彩,智力发育较学龄前有明显的进步。但大脑细胞与成人相比,还较脆弱,故过多过久的脑力活动容易引起疲劳,学习缺乏持久性,自我控制能力弱。

骨骼与肌肉 小学生的骨骼弹性大、硬度小。随着年龄的增长,骨中的钙质不断沉积,骨骼的坚硬度也逐渐加大。在此期间,小学生食物中如缺少钙供应,将影响骨骼成熟和身体长高。孩子由 6 ~ 7 岁开始换牙,缺钙还会影响恒齿的发育。小学生的肌肉纤维比成人细软,肌肉中的水分比成人多,因此,能量储存较差,体力远不及成人。

消化功能 儿童的食管比成人明显短而窄,黏膜细嫩,管壁发育不成熟,容易遭受损伤。儿童的胃液酸度较成人低(约为成人的 65% ~ 70%),胃与肠黏膜富含血管,胃壁薄,弹性差,胃蠕动能力弱。胃腺数目少,所分泌的消化液较少且酸度低,因此,消化食物的能力较弱,而且胃容量较小。消化能力随年龄的增长逐渐增强,12 岁孩子的消化能力比 6 岁时大得多,故需注意饮食卫生和合理的营养。

免疫功能 人体的免疫功能主要由叫胸腺的腺体内的 T 细胞的数量和活动能力决定,小学生的免疫功能与营养状况关系密切。当膳食中缺乏蛋白质时,胸腺体积变小,重量减轻,T 细胞数目减少,吞噬细胞杀灭细菌的能力降低,导致免疫功能低下,孩子则容易患急性传染性疾病。儿童的心肌纤维细弱,心脏肌层薄,但机体代谢相对比成人旺盛,因此,心跳比成人快。儿童的肺与气管娇嫩,容易遭受病原微生物侵袭,所以,常患感冒与呼吸道感染。儿童的肾功能发育不健全,尿的浓缩与稀释能力比成人弱得多,故不宜吃过多的咸食。膀胱壁较薄,贮尿机能差,小便次数较多。

呼吸系统 儿童的呼吸道比成人短而狭,组织柔嫩,呼吸道黏膜易受损伤,呼吸道壁的血管和淋巴管较多。肺泡比成人小,脑廓发育与胸廓肌肉较成人差。因此,户外活动可以加强儿童呼吸锻炼,使儿童有比较深长的均匀呼吸,以便充分供给身体需要的氧,促使体力的增强。

感觉器官 儿童的皮肤细嫩,表皮易剥脱,易使皮肤感染而发生皮肤病。所以应经常洗澡和勤换内衣,防止皮肤病的发生。儿童的听觉器官要到 12 岁时才发育完善,家长应教育儿童不可用尖硬物或手挖耳,并保持耳内清洁,避免脏物、积水进入耳内,特别是游泳后,应保持耳内干燥。链霉素类药物应用要特别慎重以防耳聋。

以上是儿童发育过程中的一些生理上的显著特点,只有家长对这几个特点有准确透彻的认识和理解,才能在孩子成长过程中发挥积极有效的促进作用,让孩子拥有健康的体魄。

二、小学生的心理特点

(一)感知觉的特点

入学之初,小学生的感知觉已经得到了充分的发展,听觉、视觉、味觉、嗅觉和触觉十分敏锐,为其学习活动奠定了扎实的基础,提供了有力的保证。在整个小学阶段,小学生感知觉处于逐步发展逐步完善的阶段,由明显的无意性向有意性发展,由笼统性向精确性发展。小学生,尤其是低年级阶段,感知带有明显的无意性,说话做事往往没有明确的目的性,对事物的细节特点缺乏精细分辨的能力。随着年龄的增长,小学生感知觉的准确性、系统性都会不断地提高。

因此,家长在引导孩子时,比如识字教学或观察事物时,可向孩子明确指出具体的目的,提示观察的重点,引导孩子对事物进行对比分析,既要把握事物的整体，又要把握个中细节，培养孩子养成良好的观察品质和学习习惯。

（二）注意的特点

在小学阶段，孩子对具体直观事物的注意占优势，无意注意也仍然发挥作用，但对抽象材料的注意和有意注意在逐步发展。

小学生，尤其是低年级学生，由于知识储备有限，语言表达能力不足，具体形象思维占重要地位，因此，具体生动的、直观形象的事物容易吸引他们的注意力。低年级学生能观察具体形象的事物，但不善于观察抽象概括的材料，注意集中性的深度不足。但随着文化知识的丰富，认知水平的提高和实践活动的增加，以词为基础的第二信号系统和抽象逻辑思维能力逐步发展，小学生对具有一定抽象水平的材料的注意也逐步发展起来。

此外，小学生，尤其是低龄阶段的小学生，由于神经系统活动的内抑制能力尚未完全发展，无意注意占据重要地位，有意注意基本上是被动的。小学生注意的稳定性随着年龄的变化也在不断变化。实验表明，一般情况下，7～10岁儿童可以连续集中注意20分钟左右，10～12岁儿童可以集中注意25分钟左右，12岁以上儿童可以集中注意30分钟左右。在组织较好的教学中，小学高年级学生可以保持注意30～45分钟。随着年龄的增长，大脑不断成熟，神经系统活动的兴奋与抑制过程逐步协调起来，学习活动持续进行，在课堂上他们可以根据学习活动和教师的要求将注意力指向学习对象，注意力的范围扩大，稳定性提高，学生的有意注意逐步发展起来。到了四五年级，小学生的有意注意基本占据主导地位。

值得注意的一点是，小学生的注意水平与情绪密切相关。由于小学生一个兴奋中心的形成往往涉及其他相应器官的活动,面部表情、手足乃至全身都会配合活动,所以小学生的注意带有明显的情绪色彩。比如,孩子识字读画,如果看得认真,就会表现出严肃的神情,眼睛也不舍得眨一下;如果看得高兴,就会绽放灿烂的笑颜,甚至开心得合不拢嘴。

因此,为了使孩子能够长时间地保持注意,家长在引导孩子的学习活动时,应阐明活动的目的和任务,孩子对活动理解得越深刻,越能引起有意注意,越能唤起注意的自觉性,对培养孩子良好的注意品质是有裨益的。

(三)记忆的特点

从记忆的目的来看,随着年龄的增长,无论是无意识记还是有意识记,小学生的记忆效果都呈现增长趋势,但有意识记的增长速度更为明显。一般而言,小学生入学之初,无意识记占主导地位。但随着学习活动的深入和自身大脑的逐渐成熟,有意识记效果会赶上无意识记的效果,并逐渐超越,占据主导地位。

从记忆的方法来看,相比于机械识记,小学生意义识记正在逐步发展甚至占据主导地位。一般来说,小学生低年级阶段主要采用机械识记的方法,通过多次重复背诵的形式,记忆材料,但对记忆内容一般没有深刻的理解。到中高年级,由于小学生逻辑思维和抽象思维能力的发展,小学生逐渐学会从材料的意义、逻辑关系方面识记学习材料,意义识记逐渐代替机械识记,占据主要地位。

从记忆的内容来看,小学生具体形象记忆仍占据主导地位,但抽象记忆发展迅速。小学低年级学生,由于第一信号系统活动占据优势,在头脑中和第一信号系统相联系的事物的具体形象容易记住。到了中高年级,学生掌握的词汇量增加,第二信号系统的活动优势显现出来。由于所学课本的内容大多是些抽象的符号、数字或词,形象记忆得到有效锻炼,并逐渐占据主导地位。但对小学生来说,在记忆抽象材料时,主要还是依靠事物的具体想象为主,形象记忆依旧发挥着重要作用。

因此,家长在教育孩子时,应结合孩子的记忆特点,注意学习内容的趣味性,有意识地训练孩子的记忆能力,推进记忆品质的发展。

(四)智力健康的特点

多数儿童智力发展符合常态,能够适应一定的学习生活,能与周围环境取得平衡。部分智力发展超常的儿童,识字多,学会说话时间早,记忆力极强,想象力丰富,有独创的、机敏的、充满活力的人格特征;少数智力发展缓慢的儿童,社会适应能力差,心理承受能力弱,通常不能适应学校的集体生活和学习,需要特殊的教育和护理。

小学低年级学生想象力丰富,但对想象与现实之间没有明确的概念界限。有时候,他们会由于想象与现实的同一化,导致行为和言语的"不合情理"。如果没有充分考虑到儿童想象发展的这种特征,成年人通常会以自己的视角,判断为"说谎"或"欺骗"行为。想象力是创造意识和创造能力的萌芽,极其珍贵。

对此,家长和教师应当着力保护,慎重对待,不随意剥夺孩子的想象力和观察力,有意引导孩子的创新意识,做一个智力健康的孩子。

(五)思维的特点

在小学阶段,学生从以具体形象思维为主要形式,向以抽象逻辑思维为主要形式过渡。小学生在入学之初,思维主要依赖于具体的对象和情境,小学生只能孤立地认识事物的个别特征和表面现象。随着年龄的增长和学习活动的深入，他们开始能够了解事物之间的联系，能够根据种属关系对事物进行分类，并进行简单的分析概括，甚至掌握一些抽象的概念等。小学生的思维由具体形象思维向抽象逻辑思维的过渡存在着一个转折期，一般出现在四年级。如果训练得法，教育得当，转折期可以提前到三年级。

小学生抽象逻辑思维在发展过程中，自觉性在提高，平衡性在逐步完善。小学低年级阶段的学生虽能通过简单的推理判断掌握一些基本概念，但还不具备自觉调节自己思维的能力。到了中高年级，在教师和家长的指导下，能表达出自己思维的过程，如数学题的解答过程、出错的原因、文章习作的提纲等，对自己的思维过程有一定的反省能力，自觉性有了发展。同时，在整个小学时期，孩童的抽象逻辑思维水平不断提高，通过不同学科、不同教学内容、多种教学活动的训练，小学生抽象逻辑思维的平衡性得到拓展，逐步完善。

因此，家长在教育孩子时，可以有意识地增强孩子逻辑思维的训练，提高逻辑思维水平。

（六）情绪情感的特点

与学前儿童和青春期学生相比，小学生的情绪情感都比较稳定，并且能够在一定程度上控制自己的情绪，有时甚至能够将真实的情绪隐蔽起来。在这一阶段，小学生大多情绪稳定而愉快。心理健康的儿童以积极的情绪表现为主，充满了喜悦与欢乐，这样的情绪有助于提高活动的效率，多会受到父母和邻居的表扬与称赞，而积极的情绪同时得以强化，使孩子进入良性循环。当然，儿童的情绪是多样化的，健康的孩子也会出现短时的消极情绪，这是正常的，但若消极情绪表现得太过分，太频繁，如焦虑、恐惧、强迫、抑郁等情绪反复出现,就难以称得上是心理健康了。

在小学阶段,小学生情感的丰富性不断扩展。与学习活动和学校生活相关的事物内容构成了小学生情绪的主要内容。此外,儿童在班集体的地位以及与同伴之间、与老师之间的关系、老师对学生的评价等,都会引起小学生负面的情绪体验。小学生的社会性情绪和各种高级情感的不断发展也在丰富着小学生的情感世界。

小学生情感的稳定性逐步增强。随着儿童进入小学,在集体生活和独立学习生活的影响下,儿童控制情绪能力逐渐提高。虽然与成年人相比,小学生的情绪还具有很大的冲动性,并且不善于掩饰、控制自己的情绪,但他们的情绪已开始逐渐内化,小学高年级学生已逐渐意识到自己的情绪表现以及随之可能产生的后果,情绪的稳定性和平衡性日益增强,冲动性和易变性逐渐消失。

小学生情感的深刻性也在不断增强。较之于学前儿童,小学生的情感不但在内容上丰富多彩了,其情感体验也更加深刻了。随着年龄的增长,小学生的归因能力不断提高,情感体验逐步深刻,愤怒等消极情绪情感开始逐步减少,并更加现实化。

因此,家长在进行家庭教育的引导时,一旦遇到孩子哭闹不停的情况,不要无端地指责孩子,而是要结合孩子当前年龄段的情绪情感特点,合理地疏导孩子的消极情绪或负面情感,积极引导并强化孩子的积极情绪和情感,提高孩子情绪情感的自我调节和控制能力,做情绪情感的主人,而不是受其奴役。

(七)自我意识的特点

自我意识是指个体对其自身特点的意识,是个性结构的重要组成部分。与学前儿童相比,小学生的自我意识增强,更加明确地意识到自己作为独立个体的存在。自我意识的发生和发展是一个复杂的过程。一般来说,儿童认识自己比认识外界客观事物要难些,但认识的基本过程是一致的。自我意识的发展是儿童和青少年自我教育的基础,它关系到儿童良好行为和个性品质的形成,对小学生的身心发展意义重大,影响深远。

小学生自我意识发展表现出了一些新的特点:自我评价由"他律性"向"自律性"发展、从依据具体行为进行评价向应用道德原则进行评价发展、从根据行为效果进行评价向把动机与效果结合起来进行评价发展、从正确评价别人的行为向正确评价自己的行为发展。从总体上说,小学生自我意识的社会化程度有了较大提高,但是仍然不够客观、全面,带有明显的主观色彩。

因此,家长在指导孩子的成长过程时,应了解孩子自身发展的特点,注重培养孩子的独立性与自主性,使其成为自己生命的掌舵者。

(八)性心理发展的特点

弗洛伊德曾提出过一个著名的性心理学发展模式,弗洛伊德把性理解为广泛的身体快感,并按身体快感区的特点描述了性心理的发展。在弗洛伊德看来,性心理的发展大致经历这几个阶段:

口唇期:从出生后到1岁。在这一时期婴儿性快感的满足主要借助口唇,在母乳吮吸中婴儿获得快感。在这一阶段,如果口唇需要没得到满足或满足过多,就会产生口唇型人格,这种人依赖感强,贪食。

肛门期:大约从1岁开始,持续到两岁。在这一阶段,排泄机能成为婴儿性快感的主要目标,婴儿从排泄活动中得到极大的快乐。这一阶段的主要任务是通过按时大小便的训练培养幼儿的自我控制能力。如果这一阶段性心理发生冲突,就会造成肛门型的人格。这种人不是过于放肆、无礼,就是极度吝惜、保守。

生殖器期:亦称性蕾期,从两岁到3岁。弗洛伊德认为,直到生殖器期的最初阶段,婴儿的性能量都是指向自身,他的快乐是自乐。在生殖器期的后期则发生了重大变化。幼儿开始将性能量更多地指向外界对象,男孩的性欲指向母亲,叫作恋母情结,女孩的欲望指向父亲。男孩的欲望指向母亲时,总要无意识地与父亲争夺爱,敌视父亲。这种冲突导致另一情结——阉割情结,小男孩害怕父亲,害怕他惩罚自己的恋母感情,阉割自己的生殖器,小男孩随后放弃了恋母情结,转而与父亲同化。女孩的性心理发展也大致经过了一个从恋父到放弃恋父,与母亲同化的过程,在这一阶段,儿童人格、性别同一性、道德良心都开始形成了,这是人生发展的最重要阶段。

潜伏期:在经历了恋母情结之后,儿童的性心理进入潜伏期,在此时期,儿童的性欲保持沉寂状态,对异性漠不关心,游戏时大多寻找同性伙伴。小学阶段就属于这一时期。

(九)意志特点

意志是指一个人自觉确定目的,支配、调节行动,克服困难以达到目的的心理过程。意志是意识的能动性、积极性的集中体现,是人类独有的心理现象。意志和行动是密不可分的,在意志支配下的行动叫意志行动。意志支配、调节着行动,并在意志行动中表现出来。意志是学生学习中的非智力因素之一。在一般情况下,学业成绩的好坏与意志水平的高低是一致的。意志坚强的学生,学习的自觉性较强,并能克服困难,坚持组织自己的学习,取得良好的学习成绩;反之,意志不健全的孩子挫折容忍力差、怕困难，做事三心二意、注意力不集中、缺乏自控力，在行为表现上前后矛盾，思维混乱，行为反应变化无常，为一点小事可以大发脾气，或是对强烈的刺激反应淡漠。总的来说，这一阶段的孩子，意识品质与行为表现息息相关。

小学生意志发展与意志行动动机和目的息息相关。小学低年级学生还不善于自觉地、独立地提出行动的动机和目的。到了中年级以后，小学生随着知识经验的增加以及思维水平的提高，逐渐学会了自觉地、独立地向自己提出行动的动机和目的，并逐步具有了远景的、抽象的、有一定社会意义的动机和目的。

小学生意志行动任务的决定与执行之间的时间间隔不长。他们的意志行动是比较简单的，还不善于为了一件事去反复思考、计划、决定和执行，这些往往是同时发生的或是比较接近的。小学生在学习的过程中，对待困难的态度是不一样的。年级越低的小学生克服困难的精神越差，随着年级的升高，小学生克服困难的精神也不断增强。小学生对意志行动任务的责任感，在克服困难、完成任务中有着极其重要的作用。小学生意志行动任务的责任感强，遇到困难容易克服；反之，缺乏责任感的小学生，遇到困难有意回避，或轻易求助于教师或同学。

因此，在平常的学习生活中，家长可有意识地培养孩子的意志品质，加强孩子的意志品质锻炼，立志成为坚强不息的人。

（十）人际交往特点

小学生的人际关系主要体现在亲子关系、师生关系、同伴关系三方面。

1.同伴关系

小学生在与同伴相处时，主要体现区域性、同趣性和欣赏性。小学生更愿意与地理位置毗邻,如住在同一街道、同一小区或同桌的人做朋友。如果双方父母彼此熟悉相知,他们的小孩也容易亲近彼此。小学生喜欢与自己兴趣爱好相同或相近,抑或经历相和谐的同学做朋友。小学生比较欣赏崇拜学习成绩比自己好或者能力比自己强的小伙伴,这样他们更容易成为好朋友。

小学生的同伴关系具有一定的性别特点。心理学研究表明,小学生对他们最喜欢的同伴在性别上的选择态度随着年龄的变化而变化。青春期以前的小学生,都倾向于选择同性同伴,这种现象在小学阶段呈上升趋势。之所以会出现这种现象,主要有以下两方面的原因:第一,同性别的小学生具有共同的兴趣和活动方式,便于相互合作和交流;第二,选择同性别的同伴也反映了小学生性别认同的作用。所谓性别认同,是指对自身性别的正确认识。小学生在社会生活中正确地理解自己的性别并将自己投身到同性别的活动中去,是完全正确和必要的。这样有助于小学生对自身性别的接受,逐渐形成符合社会期望、合乎社会规范的行为,并最终适应社会生活。

此外,在小学生的同伴交往中,还会出现一些有趣的现象。有些男生尤其是低年级的男生,常常采取制造事端的方式与女生接触,如在课间把女生的文具藏起来,在课桌中间画一条界线等,表明这些男生对女生特有的兴趣。随着年龄的增长,男女生会表现出微妙的变化,如表现出拘谨、腼腆、故意的漠不关心等。所有这些行为特征,都是小学生异性交往的特点。

2. 师生关系

小学生在与教师相处时,由于喜好不同,态度也会随之变化。在低年级阶段,由于教师对学生作业、品行具有权威性监督和评价,小学生容易崇拜敬畏老师。但随着年龄的增长,小学生的独立性和评价能力也逐渐增强。从三年级开始,小学生的道德判断进入可逆阶段,对教师的态度也开始变化,开始对教师做出评价,对不同的教师表现出不同程度的喜好。

3. 亲子关系

小学生与父母相处时,呈现不稳定性。在低年级阶段,孩子对父母的依赖性强,亲子关系很好;到了中高年级,由于自身认知和情绪情感的发展,孩子对父母的依赖和崇拜降低,反抗情绪逐渐增加,亲子关系出现不良的端倪。

我认为,家长应学会三个角色的转换,即小学低年级时,大部分时间应当是孩子的父母,既要指导孩子,更要尊重孩子;进入小学高年级以至中学后,父母应该是孩子的朋友,应该变指导为建议,要和孩子成为无话不谈的好朋友;当孩子成人后,父母是孩子的伙伴,有事情应该和孩子共同协商完成。家长应把父母、朋友、伙伴的三个角色深植于心,只有这样,在教育孩子的过程中,才不会偏颇,才能真正了解孩子的心声。

从这些人际交往中可以反映出儿童的心理健康状态。心理健康的孩子乐于与人交往,善于和同伴合作与共享,理解与尊敬他人,待人慷慨友善,也容易被别人理解和接受。心理不健康的孩子不能与人合作,对人漠不关心,缺乏同情心,有猜疑、嫉妒、退缩现象,同时不能将自己置身于集体,与人格格不入。

因此,家长在与孩子相处时,要结合孩子的身心发展特点,建立良好的亲子关系,同时,要正确引导和疏通孩子与同伴或者老师的关系,建立和谐的人际关系。

本节选自傅宏《班级心理健康教育理论与操作》，南京师范大学出版社 2007 年版。

第二节　课程标准

引言：由于多媒体信息技术的高速发展，家长可以突破时间和空间的限制，利用网络更加方便快捷地指导孩子的成长。但是，过多的选择有时候会变成一种负担，使家长迷失双眼，无从选择。有些家长秉承所谓"一切为孩子好"的教育理念，替孩子报了很多兴趣班、特长班、培优班等等，孩子的行程表上满满当当。表面看似很美好，但有些做法已然背离或脱离了事情原本的轨道。而课程标准是学生学习发展的准绳，是依据学科特点和性质，详细、明确、具体地阐述某一学科的教学理念、教学目标以及教学建议，是面向全体学生提出的基本学习要求。因此，本节节选了全日制义务教育语文、数学、英语、科学、美术和体育与健康的课程标准内容，为家长科学地指导孩子学习和成长提供依据。

一、全日制义务教育语文课程标准

现代社会要求公民具备良好的人文素养和科学素养，具备创新精神、合作意识和开放的视野，具备包括阅读理解与表达交流在内的多方面的基本能力，以及运用现代技术搜集和处理信息的能力。

语文课程应为提高学生道德品质和科学文化素养，弘扬和培育民族精神，增强民族创造力和凝聚力，发挥积极的作用。

语文是最重要的交际工具，是人类文化的重要组成部分。工具性与人文性的统一,是语文课程的基本特点。语文课程应致力于学生语文素养的形成与发展。语文素养是学生学好其他课程的基础,也是学生全面发展和终身发展的基础。语文课程的多重功能和奠基作用,决定了它在九年义务教育阶段的重要地位。

全日制义务教育语文的课程目标如下:

第一学段(1~2 年级)

(一)识字与写字

1. 喜欢学习汉字,有主动识字的愿望。

2. 认识常用汉字 1600~1800 个左右,其中 800~1000 个左右会写。

3. 掌握汉字的基本笔画和常用的偏旁部首,能按笔顺规则用硬笔写字,注意间架结构。初步感受汉字的形体美。

4. 写字姿势要正确,字要写得规范、端正、整洁,努力养成良好的写字习惯。

5. 学会汉语拼音。能读准声母、韵母、声调和整体认读音节。能准确地拼读音节,正确书写声母、韵母和音节。认识大写字母,熟记《汉语拼音字母表》。

6. 学习独立识字。能借助汉语拼音认读汉字,用音序检字法查字典。

(二)阅读

1. 喜欢阅读,感受阅读的乐趣。初步养成爱护图书的习惯。

2. 学习用普通话正确、流利、有感情地朗读课文。学习默读。

3. 结合上下文和生活实际了解课文中词句的意思,在阅读中积累词语。借助读物中的图画阅读。

4. 阅读浅近的童话、寓言、故事,向往美好的情境,关心自然和生命,对感兴趣的人物和事件有自己的感受和想法,并乐于与人交流。

5. 诵读儿歌、童谣和浅近的古诗,展开想象,获得初步的情感体验,感受语言的优美。

6. 认识课文中出现的常用标点符号。在阅读中,体会句号、问号、感叹号所表达的不同语气。

7. 积累自己喜欢的成语和格言警句。背诵优秀诗文 50 篇。课外阅读总量不少于 5 万字。

(三)写话

1. 对写话有兴趣,写自己想说的话。

2. 在写话中乐于运用阅读和生活中学到的词语。

3. 学习使用逗号、句号、问号、感叹号。

(四)口语交际

1. 学讲普通话,逐步养成讲普通话的习惯。

2. 能认真听别人讲话,努力了解讲话的主要内容。

3. 听故事、看音像作品,能复述大意和自己感兴趣的情节。

4. 能较完整地讲述小故事,能简要讲述自己感兴趣的见闻。

5. 与别人交谈,态度自然大方,有礼貌。

6. 有表达的自信心。积极参加讨论,敢于发表自己的意见。

(五)综合性学习

1. 对周围事物有好奇心,能就感兴趣的内容提出问题,结合课内外阅读,共同讨论。

2. 结合语文学习,观察大自然,用口头或图文等方式表达自己的观察所得。

3. 热心参加校园、社区活动。结合活动,用口头或图文等方式表达自己的见闻和想法。

第二学段(3~4年级)

（一）识字与写字

1. 对学习汉字有浓厚的兴趣,养成主动识字的习惯。

2. 累计认识常用汉字 2500 个左右,其中 1800 个左右会写。

3. 有初步的独立识字能力。会运用音序检字法和部首检字法查字典、词典。

4. 能使用硬笔熟练地书写正楷字,做到规范、端正、整洁。用毛笔临摹正楷字帖。

（二）阅读

1. 用普通话正确、流利、有感情地朗读课文。

2. 初步学会默读,做到不出声,不指读。学习略读,粗知文章大意。

3. 能联系上下文,理解词句的意思,体会课文中关键词句表达情意的作用。能借助字典、词典和生活积累,理解生词的意义。

4. 能初步把握文章的主要内容,体会文章表达的思想感情。能对课文中不理解的地方提出疑问。

5. 能复述叙事性作品的大意,初步感受作品中生动的形象和优美的语言,关心作品中人物的命运和喜怒哀乐,与他人交流自己的阅读感受。

6. 诵读优秀诗文,注意在诵读过程中体验情感,展开想象,领悟内容。

7. 在理解语句的过程中,体会句号与逗号的不同用法,了解冒号、引号的一般用法。

8. 积累课文中的优美词语、精彩句段,以及在课外阅读和生活中获得的语言材料。背诵优秀诗文50篇。

9. 养成读书看报的习惯,收藏并与同学交流图书资料。课外阅读总量不少于40万字。

(三)习作

1. 留心周围事物,乐于书面表达,增强习作的自信心。愿意将自己的习作读给人听,与他人分享习作的快乐。

2. 能不拘形式地写下自己的见闻、感受和想象,注意把自己觉得新奇有趣或印象最深、最受感动的内容写清楚。

3. 能用简短的书信便条进行书面交流。

4. 尝试在习作中运用自己平时积累的语言材料,特别是有新鲜感的词句。

5. 学习修改习作中有明显错误的词句。根据表达的需要,正确使用冒号、引号等标点符号。

6. 课内习作每学年16次左右。

(四)口语交际

1. 能用普通话交谈。在交谈中能认真倾听,养成向人请教、与人商讨的习惯。

2. 听人说话能把握主要内容,并能简要转述。

3. 能清楚明白地讲述见闻,并说出自己的感受和想法。讲述故事力求具体生动。

(五)综合性学习

1. 能提出学习和生活中的问题,有目的地搜集资料,共同讨论。

2. 结合语文学习,观察大自然,观察社会,书面与口头结合表达自己的观察所得。

3. 能在老师的指导下组织有趣味的语文活动,在活动中学习语文,学会合作。

4. 在家庭生活、学校生活中,尝试运用语文知识和能力解决简单问题。

5. 有条件的地方,可学习使用键盘输入汉字。

第三学段(5~6年级)

(一)识字与写字

1. 有较强的独立识字能力。累计认识常用汉字3000个左右,其中2500个左右会写。

2. 硬笔书写楷书,行款整齐,有一定的速度。

3. 能用毛笔书写楷书,在书写中体会汉字的优美。

(二)阅读

1. 能用普通话正确、流利、有感情地朗读课文。

2. 默读有一定的速度,默读一般读物每分钟不少于300字。学习浏览,扩大知识面,根据需要搜集信息。

3. 能借助词典理解词语的意义。能联系上下文和自己的积累,推想课文中有关词句的意思,辨别词语的感情色彩,体会其表达效果。

4. 在阅读中揣摩文章的表达顺序,体会作者的思想感情,初步领悟文章基本的表达方法。在交流和讨论中,敢于提出自己的看法,做出自己的判断。

5. 阅读叙事性作品,了解事件梗概,能简单描述自己印象最深的场景、人物、细节,说出自己的喜欢、憎恶、崇敬、向往、同情等感受。阅读诗歌,大体把握诗意,想象诗歌描述的情境,体会诗人的情感。受到优秀作品的感染和激励,向往和追求美好的理想。阅读说明性文章,能抓住要点,了解课文的基本说明方法。

6. 在理解课文的过程中,体会顿号与逗号、分号与句号的不同用法。

7. 诵读优秀诗文,注意通过诗文的声调、节奏等体味作品的内容和情感。背诵优秀诗文60篇。

8. 扩展阅读面。课外阅读总量不少于100万字。

(三)习作

1. 懂得写作是为了自我表达和与人交流。

2. 养成留心观察周围事物的习惯,有意识地丰富自己的见闻,珍视个人的独特感受,积累习作素材。

3. 能写简单的纪实作文和想象作文,内容具体,感情真实。能根据内容表达的需要,分段表述。学写常见应用文。

4. 修改自己的习作,并主动与他人交换修改,做到语句通顺,行款正确,书写规范、整洁。根据表达需要,正确使用常用的标点符号。

5. 习作要有一定速度。课内习作每学年16次左右。

(四)口语交际

1. 与人交流能尊重、理解对方。

2. 乐于参与讨论,敢于发表自己的意见。

3. 听人说话认真耐心,能抓住要点,并能简要转述。

4. 表达要有条理,语气、语调适当。

5. 能根据对象和场合,稍做准备,作简单的发言。

6. 注意语言美,抵制不文明的语言。

（五）综合性学习

1. 为解决与学习和生活相关的问题，利用图书馆、网络等信息渠道获取资料，尝试写简单的研究报告。

2. 策划简单的校园活动和社会活动，对所策划的主题进行讨论和分析，学写活动计划和活动总结。

3. 对自己身边的、大家共同关注的问题，或电视、电影中的故事和形象，组织讨论、专题演讲，学习辨别是非善恶。

4. 初步了解查找资料、运用资料的基本方法。

本节选自《中华人民共和国教育部制定．义务教育语文课程标准》，北京师范大学出版社2012年版。

二、全日制义务教育数学课程标准

数学是研究数量关系和空间形式的科学。数学与人类的活动息息相关，特别是随着计算机技术的飞速发展，数学更加广泛应用于社会生产和日常生活的各个方面。数学作为对客观现象抽象概括而逐渐形成的科学语言与工具，不仅是自然科学和技术科学的基础，而且在社会科学与人文科学中发挥着越来越大的作用。数学是人类文化的重要组成部分，数学素养是现代社会每一个公民所必备的基本素养。数学教育作为促进学生全面发展教育的重要组成部分，一方面要使学生掌握现代生活和学习中所需要的数学知识与技能，一方面要充分发挥数学在培养人的科学推理和创新思维方面的功能。

义务教育阶段的数学课程具有公共基础的地位，要着眼于学生的整体素质的提高，促进学生全面、持续、和谐发展。课程设计要满足学生未来生活、工作和学习的需要,使学生掌握必需的数学基础知识和基本技能,发展学生抽象思维和推理能力,培养应用意识和创新意识,在情感、态度与价值观等方面都要得到发展;要符合数学科学本身的特点,体现数学科学的精神实质;要符合学生的认知规律和心理特征,有利于激发学生的学习兴趣;要在呈现作为知识与技能的数学结果的同时,重视学生已有的经验,让学生体验从实际背景中抽象出数学问题,构建数学模型,得到结果和解决问题的过程。

数学课程应致力于实现义务教育阶段的培养目标,体现基础性、普及性和发展性。义务教育阶段的数学课程要面向全体学生,适应学生个性发展的需要,使得:人人都能获得良好的数学教育,不同的人在数学上得到不同的发展。课程内容既要反映社会的需要和数学学科的特征,也要符合学生的认知规律。它不仅包括数学的结论,也应包括数学结论的形成过程和数学思想方法。课程内容要贴近学生的实际,有利于学生体验、思考与探索。内容的组织要处理好过程与结果的关系,直观与抽象的关系,生活化、情境化与知识系统性的关系。课程内容的呈现应注意层次化和多样化,以满足学生的不同学习需求。数学活动是师生共同参与、交往互动的过程。有效的数学教学活动是教师教与学生学的统一,学生是数学学习的主体,教师是数学学习的组织者与引导者。数学教学活动必须激发学生兴趣,调动学生积极性,引发学生思考;要注重培养学生良好的学习习惯,掌握有效的学习方法。

全日制义务教育数学的课程目标如下:

第一学段(1～3年级)

知识技能

1.经历从日常生活中抽象出数的过程,理解常见的量;了解四则运算的意义,掌握必要的运算技能。了解估算。

2.经历从实际物体中抽象出简单几何体和平面图形的过程,了解一些简单几何体和常见的平面图形;感受平移、旋转、轴对称,认识物体的相对位置。掌握初步的测量、识图和画图的技能。

3.经历数据的收集和整理的过程,了解简单的数据处理方法。

数学思考

1.能够理解身边有关数字的信息,会用数描述现实生活中的简单现象。发展数感。

2.在讨论简单物体性质的过程中,发展空间观念。

3.在教师的指导下,能对简单的调查数据归类。

4.会思考问题,能表达自己的想法;在讨论问题过程中,能够初步辨别结论的共同点和不同点。

问题解决

1.能在教师的指导下,从日常生活中发现和提出简单的数学问题。

2.获得分析问题和解决问题的一些基本方法,知道同一问题可以有不同的解决方法。

3.体验与他人合作交流、解决问题的过程。

4.初步学会整理解决问题的过程和结果。

情感态度

1.对身边与数学有关的事物有好奇心,能够参与数学活动。

2.在他人帮助下,体验克服数学活动中的困难的过程。

3.了解数学可以描述生活中的一些现象,感受数学与生活有密切联系。

4. 在解决问题的过程中,养成询问"为什么"的习惯。

第二学段(4~6年级)

知识技能

1. 体验从具体情境中抽象出数的过程;理解分数、百分数的意义,了解负数,掌握必要的运算技能;理解估算的意义;掌握用方程表示简单的数量关系,了解简单方程的方法。

2. 探索一些图形的形状、大小和位置关系,了解一些几何体和平面图形的基本特征;体验图形的简单运动,了解确定物体位置的方法,掌握测量、识图和画图的基本方法。

3. 经历数据的收集、整理和分析的过程,掌握一些简单的数据处理技能;体验随机事件和事件发生等可能性,掌握简单的计算等可能性的方法。

数学思考

1. 能够对生活中的数字信息做出合理的解释,会用数、字母和图表描述生活中的简单问题;初步形成数感,发展符号意识。

2. 在探索简单图形的性质、运动现象的过程中,初步形成空间观念。

3. 能根据解决问题的需要,收集与表示数据,并归纳出有用的信息。

4. 能进行有条理的思考,能清楚地表达思考的过程与结果;在与他人交流过程中,能够进行简单的辩论。

问题解决

1. 能从社会生活中发现并提出简单的数学问题。

2. 能探索分析问题、解决问题的有效方法,了解解决问题方法的多样性。

3. 能借助于数字计算器解决简单的计算问题。

4. 初步学会与他人合作解决问题，尝试解释自己的思考过程。

5. 能初步判断结果的合理性，经历回顾与分析解决问题过程的活动。

情感态度

1. 愿意了解社会生活中与数学相关的信息，主动参与数学学习活动。

2. 在他人的鼓励和引导下，尝试克服数学活动中遇到的困难，相信自己能够学好数学。

3. 在运用数学解决问题的过程中，体验数学的价值。

4. 初步养成乐于思考、实事求是、勇于置疑等良好品质。

本节选自《中华人民共和国教育部制定.义务教育数学课程标准》，北京师范大学出版社 2001 年版。

三、全日制义务教育英语课程标准

当今世界正处在大发展和大调整的变革时期，呈现出世界多极化和经济全球化的发展态势。作为一个和平发展的大国，中国承担着重要的历史使命和国际责任。英语作为全球使用最广泛的语言之一，已经成为国际交往和文化科技交流的重要工具，也是使中国更好地了解世界、使世界更好地了解中国的主要桥梁。同时，英语对我国的社会发展、经济建设和科技进步也具有很重要作用。因此，我国在义务教育阶段开设英语课程有利于提高整体国民素养，促进科技创新和跨文化人才的培养，提升我国的国际竞争力和国际交流能力。

义务教育阶段英语课程的首要目的是为学生发展综合语言运用能力

打基础,为他们继续学习英语和未来职业选择创造有利条件。同时,英语课程有利于学生体验中外文化差异,丰富思维方式,增进国际理解,提高人文素养。英语教育应做到人文性与工具性并重,使学生在英语学习过程中既能够发展综合语言运用能力,又能够学会如何学习,养成良好的意志品质和合作意识,学习如何处理人与人、人与社会、人与自然的基本关系,形成创新意识,发展科学精神,从而全面提高综合素质。义务教育是全民教育的重要组成部分,义务教育阶段的英语课程应面向全体学生。课程要体现以学生为主体的思想,在教学目标、教学内容、教学过程、教学评价和教学资源的利用与开发等方面都应考虑全体学生的发展需求,课程应成为学生在教师指导下构建知识、发展技能、拓宽视野、活跃思维、展现个性的过程。英语学习在很大程度上是个性化的活动,学习者由于年龄、性格、认知方式、生活环境等方面的差异而具有不同的学习需求和学习特点。只有最大限度地满足个体需求才有可能获得最大化的整体教学效益。因此,教师要在充分了解学生个体差异和不同需求的基础上,在教学方法、教学内容以及教学评价等方面做到灵活多样,力求使每个学生都有所收益。

全日制义务教育英语的课程目标如下:

第一部分:总目标

义务教育阶段英语课程的总体目标是培养学生初步的综合语言运用能力,并通过英语学习促进学生的心智发展,提高学生的综合人文素养。综合语言运用能力的形成建立在语言技能、语言知识、情感态度、学习策略和文化意识等诸方面整体发展的基础之上。语言知识和语言技能是综合语言运用能力的基础;文化意识有利于正确地理解语言和得体地使用语言;积极的情感态度有利于促进学生主动学习和持续发展;有效的学习策略有利于提高学习效率和发展自主学习能力。这五个方面相辅相成,共同促进综合语言运用能力的形成与发展。

义务教育阶段的英语课程应能够使学生通过学习英语和使用英语,发展语言运用能力和人际交往能力,形成积极的情感态度和有效的学习策略。应能使学生在学习和使用英语的过程中体验英语丰富的文化内涵,特别是了解中外文化的差异,形成初步的跨文化意识和初步的跨文化交际能力。

语言既是交流的工具,也是思维的工具。所以学习和使用语言的过程与发展思维能力有密切的联系。学习一门新的语言能够进一步促进人的心智发展,有助于学习者从多角度理解世界的多样性,提高分析能力与认知水平。

实现英语课程在以语言技能、语言知识、情感态度、学习策略和文化意识等五个方面共同构成的课程总目标,既体现了英语学习的工具性,也体现了其人文性;既有利于学生发展语言运用能力,又有利于学生发展思维能力,从而全面提高学生的综合人文素养。

第二部分:分目标

义务教育阶段英语课程各个级别的目标是指学生在语言技能、语言知识、情感态度、学习策略和文化意识五个方面应达到的综合行为表现。表1是对课程总目标一级至五级的分级描述。

表1：课程总目标一级至五级的分级描述

级别	目标总体描述
一级	对英语有好奇心，喜欢听他人说英语。能根据教师的简单指令做动作、做游戏、做事情（如涂颜色、连线）。能做简单的角色表演。能唱简单的英文歌曲，说简单的英语歌谣。能在图片的帮助下听懂和读懂简单的小故事。能交流简单的个人信息，表达简单的感觉和情感。能书写字母和单词。对英语学习中接触的外国文化习俗感兴趣。
二级	对英语学习有持续的兴趣和爱好。能用简单的英语互致问候，交换有关个人、家庭和朋友的简单信息，并能就日常生活话题做简短叙述。能在图片的帮助下听懂、读懂并讲述简单的故事，能在教师的帮助下表演小故事或小话剧，演唱简单的英语歌曲和歌谣。能根据图片、词语或例句的提示，写出简短的描述。在学习中乐于参与、积极合作、主动请教。乐于了解异国文化、习俗。
三级	对英语学习表现出积极性和初步的自信心。能听懂有关熟悉话题的语段和简短的故事。能与教师或同学就熟悉的话题（如学校、家庭生活）交换信息。能读懂小故事及其他文体的简单书面材料。能用短语或句子描述系列图片，编写简单的故事。能根据提示简要描述一件事情，参与简单的角色表演等活动。能尝试使用适当的学习方法，克服学习中遇到的困难。能意识到语言交际中存在文化差异。

级别	目标总体描述
四级	有明确的学习需要和目标,对英语学习表现出较强的自信心。能在所设日常交际情景中听懂对话和小故事。能用简单的语言描述自己或他人的经历,能发表简单的意见。能读懂不同文体的小短文和简单的英文报刊文章。能在合作中起草和修改简短的文段,说明、指令、规则等。能尝试使用不同的教育资源,从口头和书面材料中提取信息、扩展知识、解决简单的问题并描述结果。能在学习中相互帮助,克服困难。能合理计划和安排学习任务,积极探索适合自己的学习方法。在学习和日常交际中能注意到中外文化的差异。
五级	有较明确的英语学习动机和积极主动的学习态度。能听懂教师有关熟悉话题的陈述并参与讨论。能就日常生活的各种话题与他人交换信息并陈述自己的意见。能读懂相应水平的读物和报纸、杂志,克服生词障碍,理解大意。能根据阅读目的运用适当的阅读策略。能根据提示独立起草和修改小作文。能与他人合作,解决问题并报告结果,共同完成学习任务。能对自己的学习进行评价,总结学习方法。能利用多种教育资源进行学习。进一步增强对文化差异的理解与认识。

本节选自《中华人民共和国教育部制定.义务教育英语课程标准》,北京师范大学出版社2002年版。

四、全日制义务教育科学课程标准

小学科学课程是以培养科学素养为宗旨的科学启蒙课程。科学素养的形成是长期的,早期的科学教育将对一个人科学素养的形成具有决定性的作用。承担科学启蒙任务的这门课程,将细心呵护儿童与生俱来的好奇心,培养他们对科学的兴趣和求知欲,引领他们学习与周围世界有关的科学知识,帮助他们体验科学活动的过程和方法,使他们了解科学、技术与社会的关系,乐于与人合作,与环境和谐相处,为后面的科学学习、为其他学科的学习、为终身学习和全面发展打下基础。学习这门课程,有利于小学生形成科学的认知方式和科学的自然观,并将丰富他们的童年生活,发展他们的个性,开发他们的创造潜能。

全日制义务教育科学的课程目标如下:

第一部分:总目标

通过科学课程的学习,知道与周围常见事物有关的浅显的科学知识,并能应用于日常生活,逐渐养成科学的行为习惯和生活习惯;了解科学探究的过程和方法,尝试应用于科学探究活动,逐步学会科学地看问题、想问题;保持和发展对周围世界的好奇心和求知欲,形成大胆想象、尊重证据、敢于创新的科学态度和爱科学、爱家乡、爱祖国的情感;亲近自然、欣赏自然、珍爱生命,积极参与资源和环境的保护,关心科技的新发展。

第二部分:分目标

(一)科学探究

1.知道科学探究涉及的主要活动,理解科学探究的基本特征。

2.能通过对身边自然事物的观察,发现和提出问题。

3.能运用已有知识做出自己对问题的假想答案。

4.能根据假想答案,制定简单的科学探究活动计划。

5.能通过观察、实验、制作等活动进行探究。

6.会查阅、整理从书刊及其他途径获得的科学资料。

7.能在已有知识、经验和现有信息的基础上,通过简单的思维加工,做出自己的解释或结论,并知道这个结果应该是可以重复验证的。

8.能用自己擅长的方式表达探究结果,进行交流,并参与评议,知道对别人研究的结论提出质疑也是科学探究的一部分。

(二)情感态度与价值观

1.保持与发展想要了解世界、喜欢尝试新的经验、乐于探究与发现周围事物奥秘的欲望。

2.珍爱并善待周围环境中的自然事物,初步形成人与自然和谐相处的意识。

3.知道科学已经能解释世界上的许多奥秘,但还有许多领域等待我们去探索,科学不迷信权威。

4.形成用科学提高生活质量的意识,愿意参与和科学有关的社会问题的讨论与活动。

5.在科学学习中能注重事实,克服困难,善始善终,尊重他人意见,敢于提出不同见解,乐于合作与交流。

6.意识到科学技术对人类与社会的发展既有促进作用,也有消极影响。

(三)科学知识

1.学习生命世界、物质世界、地球与宇宙三大领域中浅显的、与日常生活密切相关的知识与研究方法,并能尝试用于解决身边的实际问题。

2.通过对物质世界有关知识的学习,了解物质的常见性质、用途和变化,对物体的运动、力和简单机械,以及能量的不同表现形式具有感性认识。

3.通过对生命科学有关知识的学习,了解生命世界的轮廓,形成一些对生命活动和生命现象的基本认识,对人体和健康形成初步的认识。

4.通过对地球与宇宙有关知识的学习,了解地球、太阳系的概况及运动变化的一般规律,认识人类与地球环境的相互作用,懂得地球是人类唯一家园的道理。

本节选自《中华人民共和国教育部制定.义务教育科学课程标准》,北京师范大学出版社2007年版。

五、全日制义务教育美术课程标准

在推进素质教育的过程中,越来越多的人认识到美术教育在提高与完善人的素质方面所具有的独特作用。美术课程标准尤其是美育列入教育方针以后,美术教育受到了空前的重视,迎来了新的发展机遇,进入了重要的发展时期。

全日制义务教育美术的课程目标如下:

第一部分:总目标

学生以个人或集体合作的方式参与各种美术活动,尝试各种工具、材料和制作过程,学习美术欣赏和评述的方法,丰富视觉、触觉和审美经验,体验美术活动的乐趣,获得对美术学习的持久兴趣;了解基本美术语言的表达方式和方法,表达自己的情感和思想,美化环境与生活。在美术学习过程中,激发创造精神,发展美术实践能力,形成基本的美术素养,陶冶高尚的审美情操,完善人格。

第二部分:阶段目标

第一学段(1~2年级)

1. 尝试不同工具,用纸以及身边容易找到的各种媒材,通过看看、画画、做做等方法大胆、自由地把所见所闻、所感所想的事物表现出来,体验造型活动的乐趣。

2. 尝试不同工具,用身边容易找到的各种媒材,通过看看、想想、画画、做做等方法进行简单组合和装饰,体验设计制作活动的乐趣。

3. 观赏自然和各类美术作品的形与色,能用简短的话语大胆表达自己的感受。

4. 采用造型游戏的方式进行无主题或有主题的想象、创作、表演和展示。

第二学段(3~4年级)

1. 初步认识形、色与肌理等美术语言,学习使用各种工具,体验不同媒材的效果,通过看看、画画、做做等方法表现所见所闻、所感所想的事物,激发丰富的想象力与创造愿望。

2. 学习对比与和谐、对称与均衡等组合原理,了解一些简易的创意和手工制作的方法,进行简单的设计和装饰,感受设计制作与其他美术活动的区别。

3. 观赏自然和各种美术作品的形、色与质感,能用口头或书面语言对欣赏对象进行描述,说出其特色,表达自己的感受。

4. 采用造型游戏的方式,结合语文、音乐等课程内容,进行美术创作、表演和展示,并发表自己的创作意图。

第三学段(5~6年级)

1.运用形、色、肌理和空间等美术语言,以描绘和立体造型的方法,选择适合于自己的工具、材料,记录与表现所见所闻、所感所想的事物,发展美术构思与创作的能力,传递自己的思想和情感。

2.运用对比与和谐、对称与均衡、节奏与韵律等组合原理,了解一些简单的创意、设计方法和媒材的加工方法,进行设计和装饰,美化身边的环境。

3.欣赏、认识自然美和美术作品的材料、形式与内容等特征,通过描述、分析与讨论等方式,了解美术表现的多样性,能用一些简单的美术术语,表达自己对美术作品的感受和理解。

4.结合学校和社区的活动,以美术与科学课程和其他课程的知识、技能相结合的方式,进行策划、制作、表演与展示,体会美术与环境及传统文化的关系。

本节选自《中华人民共和国教育部制定.义务教育美术课程标准》,北京师范大学出版社2002年版。

六、全日制义务教育体育与健康课程标准

随着我国社会经济的迅猛发展,国民的物质文化生活水平从整体上有了很大提高,健康状况得到较大的改善。但是,新的生产和生活方式也造成了人类体力活动减少和心理压力增大,对国民健康造成了新的威胁。这种状况在我国青少年中表现得尤为突出。近二十年来我国青少年学生体质、健康水平持续下降,已经引起了国家和社会的高度关注。提高学生

的体质、健康水平需要社会各方面的共同努力,体育与健康课程是增进学生健康的重要途径,对于提高全民族的健康素质具有重要而深远的意义。

全日制义务教育体育与健康的课程目标如下:

第一部分:总目标

通过本课程的学习,学生将掌握体育与健康的基本知识、技能和方法,增强体能;培养学生的体育实践能力和创新精神,学会学习和锻炼;体验运动的乐趣和成功感,形成体育锻炼的意识与习惯;具有良好的心理品质,表现出合作精神和交往能力;形成健康的生活方式和乐观开朗的人生态度。

第二部分:具体目标

(一)运动参与

运动参与是学生习得体育知识和运动技能,锻炼身体和提高健康水平、形成乐观开朗的生活态度的前提。运动参与的主要目标包括参与体育学习和锻炼、体验运动乐趣与成功和形成体育意识和习惯。体育教学应通过丰富多彩的内容、形式多样的方法,激发和培养学生的运动兴趣,使学生在体育学习中体验到成功和乐趣,逐步形成学生积极参与体育运动的意识和习惯。

(二)运动技能

运动技能反映了体育与健康课程的主要学习内容和以身体练习为主的基本特征。运动技能的主要目标包括学习体育知识和原理、掌握运动技术与战术和提高安全意识和能力。在义务教育阶段,应注重让学生学会基本的运动技能,掌握必要的身体活动方法,既要保证学生能较深入地学好1~2运动项目,又要有一定的项目运动技术广度。同时,要使学生掌握安全从事体育活动的知识和方法。为了继承我国优秀的民族体育传统文化，要高度重视武术等民族民间体育项目技能的学习。

（三）身体健康

身体健康受遗传、营养和行为习惯的影响，更与科学的体育锻炼密切相关，体育与健康课程要结合运动技术的教学，有计划地发展学生的运动素质，形成学生正确的身体姿态，全面地提高学生的体能和适应外界环境的能力。还要通过体育教学，使学生掌握科学进行体育锻炼的知识，了解营养和行为习惯对身体健康的影响，形成学生关注自身健康的意识，本课程要求各学校要根据学生身体发展的规律，在不同水平有侧重地发展学生的体能。

身体健康的主要目标包括掌握保健知识和方法、塑造良好体形与体态、发展体能和运动素质和提高身体外界适应力。

（四）心理健康与社会适应

心理健康与社会适应的促进既是三维健康观的组成部分，也是体育与健康课程的重要功能和价值体现。心理健康与社会适应的主要目标包括形成坚强意志和毅力、会调控情绪并有自信，形成集体精神与能力，具有体育品德和行为。因此，体育教学要运动技术教学和身体锻炼的过程中，要有意识地创设相应的教材和教学情景，有效地促进学生心理健康和社会适应能力的提高。

运动参与、运动技能、体能与身体健康、心理健康与社会适应四个教学目标是一个相互联系的整体，各个目标都是在身体练习的过程中实现的，不应将四个方面的目标相互割裂或有所偏废。但是，进行体育课堂教学时，则应该根据教学内容的特点和学生的发展需要，有所侧重地去实现主要的学习目标,不必面面俱到。

本节选自《中华人民共和国教育部制定.义务教育体育与健康课程标准》,北京师范大学出版社2011年版。

第三节　对比启示

引言:资源的不均衡发展致使家庭教育产生区域性差异,尤其是在中美和城乡发展中。面对国外先进的教育案例,部分国人盲目迷信,照搬西方的发展模式,却常常东施效颦。这种忽视中西方文化差异的做法,不从自己本身的实际情况着手,往往不得始终。同理,在城乡的教育发展对比中,城市俨然要比乡村更具有地理优势,在信息、师资、环境等各方面都更加有利,但这并不代表城市的家庭教育发展水平一定比乡村好。因此,在家庭教育的发展过程中,我们应该客观地评价自身,不因外部条件优越而妄自菲薄,也不因自身水平低劣而气馁不前,取其精华,去其糟粕,在屡次完善中提升自身的家庭教育水平。

一、中美家庭教育的对比

目前,家庭教育在我国得到前所未有的重视和发展,俨然成为现代教育的必然。广大家长特别是新入学与小学低年级学生的家长尤其关心子女的家庭教育,并将"望子成龙""望女成凤"的美好愿望化为教育子女成人成才的实际努力,以期望子女有一个良好的开端。但家长切勿盲目攀比,造成孩子负担过重,而应以孩子的"快乐、健康、科学"为宗旨,陪伴孩子的成长。对此,国外的一些先进经验还是值得借鉴的。

中国的家庭教育注重培养孩子的民族荣誉感、集体意识、吃苦耐劳的精神,而美国的家庭教育重视孩子的独立自主和自我意识。由于中美两国在历史发展、意识形态、民族文化等方面存在差异,家庭教育也各具特色。中美家庭教育各有千秋,各有适合自己国家和民族的发展特质。中国的家庭教育要想发展壮大,则需吸收国外优秀的经验为己所用,取其精华,去其糟粕,成为强者。中美家庭教育差异是多方面的,表现在教育目的、教育内容、教育观念和教育方法。

1.教育目的

在中国,许多父母把全部希望寄托在孩子身上,把自己未实现的人生理想嫁接到孩子身上。在应试教育的背景下,父母按照考试需要、就业需求自身价值取向来培养孩子,学校考什么,孩子学什么;社会什么专业热门、好就业,家长就选择让孩子学什么,很少顾及孩子的兴趣和爱好。

在美国,父母不把自己命运和孩子的前途捆绑在一起,他们的理念是把孩子看成是天生就有权具有各种情感和愿望的人,他们认为孩子希望自由的愿望是绝对的、不受限制的,孩子所有的一切情感和狂想、思想和愿望以及梦想和欲望,都应该得到承认和尊重,并有权通过适当和具体的方式表达出来。

我们来看一下美国小学教育的目标,这只是一个粗略的标准仅供参考:

(1)一年级:能够从 1 数到 100,能数双数或者 5 的倍数,知道奇数和偶数,会简单的加减法;学会观察,对不同的事物和物品分门别类;能例证生命的演变过程,了解自然界动植物之间互相依存的关系;学习使用图片和照片来表达文字以外的意思;懂得衣、食、住之于一个家庭的必要性;明白家庭成员之间、邻里之间的关系。

(2)二年级:会读、写3位数的数字,从随意取的5个数中,能够从小数到大或从大数到小;熟练运用两位数的加减法,会用英寸或厘米等度量单位测量长度,看懂钟表上的时间;学会用图片和数据来表达,理解不同职业的谋生方式;坚持写读书笔记或日记,学会写总结,懂得区别诗、散文、小说、传记等不同的文学形式,了解虚构作品与非虚构作品之间的区别;开始学习独立研究动物,诸如昆虫生态等问题。

(3)三年级:学会如何把资料做成曲线图;会比较10万以内数字的大小及加法,熟练3位数的加、减、乘、除法;能够从周围的环境就地取材,搜集、组织材料,了解人如何保持健康,明白青蛙、蝴蝶、小鸡、小白鼠等小动物的生命演变过程;懂得如何使用字典;能够明白自己所喜爱的作家、书画家透过作品所表达的思想,善于阅读不同文化背景的文学作品。

(4)四年级:用计算机运算很大的数字,比较100万以内的数字大小,学习小数和分数,画图表;能通过地图、照片、图表来解释世界上各地区气候的不同;通过阅读,进一步了解不同的文学形式,比如科幻作品、传记等。

(5)五年级:会列、读各种表格,熟练分数的加、减、乘、除运算;能够利用图书馆的系统和资料进行研究;通过做笔记对各种信息进行比较和综合;开始撰写非虚拟的报告和五段体式的短文;学会写正式、非正式,以及朋友间的书信;懂得对不同类型的书籍进行分门别类,能掌握一本书的主要内容,并针对其构思、背景、人物塑造、表达方式、语言艺术进行评论。

2. 教育观念

中国家庭讲究"父为子纲",强调子女应对父母尽"孝",父亲在家中绝对权威,子女必须绝对服从。

美国人认为人与人之间的平等和尊重是天赋人权,因此父母与孩子保持平等关系,他们尊重孩子的生理、心理感受,尊重孩子的想法和发言权。

3. 教育内容

中国现代家庭教育的内容包括德育教育、智育教育、体育教育、美育教育和劳动教育等 5 个方面,即"德、智、体、美、劳"。尽管我国家庭教育强调要实现"德、智、体、美、劳"全面发展,但在实际操作过程中有很大的出入。孩子上小学以后,大多数家长根据应试教育的要求把教育的出发点和落脚点放在智育教育上,把考试分数看得比什么都重要,忽视了孩子的心理建设和思想品德的培养和熏陶,从而导致了很多孩子心理素质差,无法面对挫折,高分低能,知识运用能力差。

美国现代家庭教育是素质教育,主要包括心理素质、身体素质、智能素质、品德素质、法规素质、劳动素质和审美素质等诸多方面。美国家庭教育在强调各方面协调发展的同时,特别重视孩子的心理素质教育。美国家长培养孩子良好的心理素质是从自尊心和自信心开始的。家长并不是靠说教,抽象地教孩子自信、自爱和自强,而是体现对孩子的尊重。美国人碰了面,遇到家长带孩子时,一般是与孩子先打招呼,而且是用跟大人交流的语气和方式。

一位带着 9 岁儿子来美国的父亲感叹,把儿子交给美国学校真是忧心忡忡,那是什么样的学校呀!课堂上随意得像自由讨论,可以放声大笑;老师和学生常常坐在地上没大没小;上学就像在玩游戏;每天下午 3 点就放学;还居然没有统一的教科书。

他给老师看儿子在中国读的四年级的小学课本,老师告诉他,到六年级他的儿子都不用再学数学了。他当时就后悔了,把儿子带到美国耽误了学业。在中国,小学生的书包都是沉甸甸的透着知识的分量,再看儿子,每天背着空空的书包,还高高兴兴地每天上学放学,一个学期眨眼就过去了,他不免心虚,问儿子,来美国上学印象最深的是什么,儿子回答:"自由。"

再过一阵子,孩子放学后直奔图书馆,倒是常常背满满一袋书回来,可是没两天就还了。他又问,借这么多书干吗?儿子回答:"做作业。"然后,看到儿子在电脑上打出作业的题目《中国的昨天和今天》,他惊得差点跌地上去,这都是什么题目?试问哪位在读博士生敢去做这么大的课题?他责问儿子这是谁的主意,儿子正色道:"老师说,美国是个移民的国家,每个同学都要写一篇关于自己祖先生活国度的文章,还要根据地理、历史、人文,分析与美国的不同,并阐述自己的观点和看法。"这位父亲没有作声。

过几天,他看到儿子的作业出来了,一本二十多页的小册子,从九曲黄河到象形文字;从丝绸之路到五星红旗……整篇文章气势磅礴,有理有据,分章断节,特别是最后列出的一串参考书目,做父亲的大气不敢出,这种博士论文的气派,他是30岁过后才开始学到的。等到孩子六年级学期快结束的时候,他更是瞠目结舌,老师留给学生一连串关于"第二次世界大战"的问题,简直像是国会议员候选人的前期训练!

"你认为谁应该对这场战争负责?"

"你认为纳粹德国失败的原因是什么?"

"如果你是杜鲁门总统的高级顾问,你将对美国投原子弹持什么态度？"

"你是否认为，当时结束战争最好的办法就只有投原子弹？"

"你认为今天避免战争最好的办法是什么？"

……

美国历史只有区区两百年，却足以开启学生们的智慧大门。到了中学，老师还有更厉害的课题，关于美国的南北战争：

"你是否同意林肯总统关于美国不能存活，除非废除蓄奴制度的申明？请解释。"

"解释为什么北方白人反对奴隶制，南方白人拥护奴隶制，而他们都觉得自己在为自由而战？"

"自由对于黑人来说意味着什么？"

"林肯总统与格兰特将军表示，在内战后南方不应被粗鲁地对待。为什么这是个明智的策略？请解释。"

自己从书本中找答案，培养的是分析问题和解决问题的能力。

"内战期间，女性开始承担很多以前只有男性才从事的工作。你能对内战造成的社会、经济、政治冲突等问题做出怎样的概括？"

"运用历史证据来支持，或者反对以下的观点：美国内战是地区差别不可避免的结果。"

在这些题目面前，华人父母的语言和思维都已经不够用了。

这位父亲还记得，他儿子小学毕业的时候，已经能够很熟练地利用图书馆的电脑和微缩胶片系统，查询所需的文字和图片资料。有一次父子俩因为对狮子和豹子的觅食性发生争议，第二天儿子从图书馆借回美国国家地理学会拍摄的有关动物的录像片，父子俩一边看一边讨论。美国小学生这时候已经学会了有疑问去哪里找答案。

相比之下,我们的小学生简直太累了,太成熟了!整天就像个学习机器,除了正常的上课,大多父母还给孩子报着所谓的"兴趣班""特长班""补习班""加强班"等五花八门的课外班。试问,有哪个父母有胆量让自己唯一的孩子输在起跑线上?是啊,我们家长都输不起!

但是家长们忽略甚至不愿承认一点,人和人之间是有差异的,并不是所有的孩子都能成"龙"成"凤"。我们的教育目标不是让每个孩子都成"龙"成"凤",事实上,根本做不到这点。我们是要让每个孩子都能快乐地生活,家长应该帮助孩子找到适合自己的位置,尽可能地发掘其潜能,最终体验到自己存在的价值。

4. 教育方法

中国的家长比较轻视孩子的自主行为。孩子有点什么好奇心,家长往往置之不理;孩子要是做点什么不合常规的事,家长动辄教训、严厉处置。因此,孩子的个性、好奇心受到了抑制,根本不敢尝试具有挑战性的事,

美国的家庭教育重视孩子的自主行为。家长总能创造条件为孩子提供一个安全、相对自由的环境,让孩子去实践和探索。父母非常注意倾听孩子的意见和心声,总是设法满足孩子的好奇心。尊重孩子的个性发展,鼓励孩子自己动手解决问题,打破常规去"创造"。

正如树上没有相同的两片树叶一样,每个孩子也是不同的,但你不能说哪片树叶有用,哪片树叶就没用,只有他们汇集在一起,才会形成参天大树。所以,家长们,请擦亮眼睛吧!别再忍痛折磨孩子、摧残孩子了!

别再让那些本应天真活泼的孩子们早早地就被沉重的书包压弯了腰!

此外,还有些家长认为,孩子进入学校,自然有学校替他教育孩子,自己可以高枕无忧了,以至于忽略了孩子的小学教育。其实不然,我们不能寄望于如今的学校教育,因为学校教育是面向全体学生的,何况如今的学校教育中还存在一些亟待改进的弊端,应试教育依旧存在,素质教育任重道远。在应试教育的大背景下,我们大多孩子缺乏主动性、独立性、创新性。甚至在繁重的课业压迫下,好多小学生都过早地萌发了想退学的念头! 这不能不说是当前教育的悲哀,当今孩子的悲哀!

因此,现实情形越加严峻,家庭教育的地位越加凸显重要。家长应该认识到,现代社会需要的人才必定是创造性、合作性等各方面能力兼备的复合型人才。只有让孩子从小学阶段就打好基础,学会学习,树立长远的目标,体验到动手动脑带来的乐趣,才会激发其进一步探索新知识、新奥秘的兴趣,才会有一颗积极向上的心。

而这也是当前小学教育的目的,是我们家长需要关注并给予解决的问题,而不是紧盯着孩子的成绩和那点微不足道的小学课本知识不放。如果激发起孩子的学习兴趣,那点知识是难不倒孩子的。若干年后,当孩子长大成人,回想起自己的中小学生活时,他会感叹,中小学知识几乎没什么重要内容,只是一些简单的常识而已。而学习这些常识的过程才是最重要的,因为它教给孩子的是一生如何治学、做学问的道理和方法。如果能做到这点,那么小学家庭教育的目的也就达到了。

本节选自黄磊《中华文化论坛.中美家庭教育比较》,2008(6);《试论当前家庭教育存在的问题与对策》,明阳天下拓展文化有限公司,2017(07);《美国小学教育的目标》,科技风[J],2007(10).

二、城乡家庭教育的对比

在我国,由于地理、经济、文化和习俗的不同,城乡在经济、科技、文化、教育各方面体现出显著的差异。而我国城乡教育发展水平的差异是一个尤为重要的内容。近年来,许多学者关注的焦点多在城乡学校教育,对于家庭教育的城乡差异关注却很少。教育的不公平不仅仅是表现在所接受的学校教育,其实城乡孩子所接受的家庭教育也存在着明显的差异。关注城乡家庭教育的差异,加强城乡家庭教育的联系,促进城乡家庭之间的交流,也是推进城乡教育转型的一个重要内容。

1.城乡家长对家庭教育重视程度存在差异

城市家长对家庭教育的认识较为深刻。他们普遍重视家庭教育,并努力探索各种适用的家庭教育方法;他们认为子女仅仅接受学校教育是不够的,在子女成长的过程中,家庭教育是必不可少的,因为家庭教育能将子女培养成为既有个性,又能很好地适应社会的合格人才,但许多城乡家长望子成龙心切,急切地盼望提高孩子的各种能力,对家庭教育的认识存在误区,采取不正当的教育方法,最终事与愿违。

农村家长对家庭教育的认识,相对城市家长对家庭教育的认识较为模糊,虽然也有部分家长很重视,但是大部分的农民觉得自己的文化水平不高或忙于解决温饱问题,没有能力或时间教育子女,子女能否成才关键还是看学校教育。农村家长对家庭教育的认识影响了他们重视家庭教育的程度,尤其是现在大量的农民工进城务工之后,将子女寄宿在学校或是留给老人带着。在这样的农村家庭中,家庭教育几乎没有。

2.城乡家庭教育的内容存在差异

家庭教育的内容主要包括生活能力、思想品德、身心健康、智力和知识、审美能力等方面。

不论是城市家庭还是农村家庭，对子女生活能力的教育都是不可或缺的。但是大部分的城市家庭尤其是独生子女家庭，往往对子女言听计从，事事代劳，过分溺爱，缺乏对子女劳动和生活实践能力的培养。相对而言，农村家庭的孩子从小要为父母分担家务活，因此显得更为独立，生活能力较强。

在思想品质、身心健康、智力及审美能力这些方面的教育，在城市家庭中出现较多，而在农村家庭出现很少，甚至没有。城乡家庭教育大多都注重对孩子综合能力和素质培养。"只要有条件，都让孩子学"，许多家长都是本着这样的观念，积极地开发和培养子女的各种能力。相对而言，农村家庭则没有那么丰富多彩的活动，农村家长大都只顾养家糊口，无暇顾及子女这方面的教育，对子女兴趣的培养较少或几乎没有。在城市，家庭教育的方式和途径更是多于农村，城市家长在这方面的意识更强些。城市家长可借用城市的各种资源对子女进行教育，例如一些大型的展览、书籍、专家的指导等，而这些资源在农村几乎是不存在的。但是，在农村也有许多可用于培养孩子的资源，如大自然的风景、环境等。只是许多农村家长没有意识到这也是一种可利用的资源。因此，城市家庭教育的内容较为全面和丰富，而农村家庭教育的内容更为单一。然而，现代家庭教育大都有一种极端表现，即轻德育，重智育，这是一个不论是农村还是城市都不容忽视的问题。

3. 城乡家庭教育方法的差异

家庭教育的方法主要是"言传身教"。一方面要通过语言对子女进行教育，另一方面还要通过自身的实际行为来感化和影响子女。从总体上看,由于城市的各方面环境和条件优于农村,城市家庭教育方法显得更为科学,家长在选择教育方法是也更为理智。主要表现为:城市家长大都热衷于订购与家庭教育相关的书籍、报刊,用以指导教育子女的实践活动,甚至还可以向教育专家、心理专家咨询难以解决的问题,以求得更为科学有效的方法。而在农村家庭,家长更多地以传统经验为指导,大都不能根据子女的实际情况来选择适用的教育方法,一旦孩子有错,或放任自流,或严厉苛责,或棍棒伺候,或逐出家门,极少进行循循善诱,家庭教育出现问题时,没有条件或是没有想法找专家帮助解决。

4. 城乡家庭教育的差异

在城市家庭中,随着生活水平的提高,越来越多的家长注重家庭环境的建设,努力营造一个有利于孩子健康成长的家庭空间。在物资方面,有诸如独立书房、各类名著和刊物、电脑、钢琴等;在精神方面,主要是父母自身高素质对子女潜移默化地影响。这些对于许多城乡家庭来说,都是有条件的能力去实现的。但对于生活水平较低的农村家庭来说,都是很难实现的。许多农村家庭的孩子没有自己的房间,没有课外读物,而父母又忙于劳作,没时间和子女在语言上进行沟通。因此,不论是物质方面还是精神方面,农村家庭教育环境的建设显得非常空洞。

家庭教育是孩子最初接受的教育,它为孩子接受学校教育奠定了基础。由于城、乡家庭存在诸多差异,城、乡孩子的综合素质和性格则存在明显的差异。所以,我们经常会发现,城市的孩子综合素质比较全面,多才多艺,性格活泼开朗、自信大方,但任性娇气、骄傲自负;农村的孩子性格孤僻、内向,但却淳朴、勇敢,自强自立。城乡孩子的各种差异,很大程度上决定了他们未来成长过程中产生的诸多差别。

本节选自王丽媛《浅谈中国家庭教育的城乡差异及原因》,广西师范大学教育科学学院,2008。

第四节　双赢理念

一、导言

1. 低效能:对社会的一种威胁

当今中国社会经济高速发展,作为发展中国家,中国政治、经济、文化等的发展都希望保持一个较高水平的增长,但在此过程中依旧面临很多低效能问题的困扰。低效能的长期存在,很大程度上是由于社会及个人创新思维的缺乏,而导致这一现象的原因与我们长期固有的教育、思想、文化等特质有很大关系。创新作为引领社会发展的第一动力,高效是创新的重要指标。目前我们的一切行动都要以此为标准,做到多、快、好、省。尤其是在培养人才方面,高效更是一项重要指标。

2002年,中国政府制定下发了《2002-2005年全国人才队伍建设规划纲要》,首次提出了"实施人才强国战略"。15年过去了,尽管取得了令人鼓舞的成就,但是仍有许多地方在沿用传统的方法培养人才,典型如"高考工厂",其人才培养模式至今被许多学校当作法宝,高分低能现象的出现充分暴露了这种人才培养模式的弊端。不仅是在中国,世界各国都面临教育低效能这一困扰。教育的低效能严重制约了社会的发展和创新,它不仅带来资源、人力的浪费,还给人文素质提升带来极大的破坏。这就是著名的"钱学森之问"所诟病的问题,即"为什么我们的学校总是培养不出杰出的人才？"

2. 教育的低效现象

思维方式、社会形态、经济发展、文化传统、健康状况等因素都是影响效率高低的重要原因，但这些因素对效能的影响因时而异，因地而异，因人而异。

教育的低效现象广泛存在于教师教学、学生学习、家长教养等方面，这也是造成中国学生大量存在高分低能这一特别现象的主要原因。尤其是学生学习的低效现象，许多研究追踪发现，学生时代低效行为的影响因素对其后的工作和学习依旧会产生持续影响。多项研究和实践结果表明，低效能是造成创新思维和创新能力不足的重要影响因素，它阻碍了社会创新精神的发展。造成低效能的影响因素是多方面的，而且具体影响因素在不同时期会有不同变化。在调查研究中我们发现造成低效现象的因素大致包括以下几个方面：

（1）教育的提供和组织中存在的问题

● 低效现象对教育的影响无法用精确的数字表示，但它是任何教育系统和个人都无法回避的现象。

● 创新思维方式应该是教育中必不可少的一门功课，而不是教育改革中的一句口号。

● 低效现象几乎是每个学生都会遇到的问题，但在学校教育中几乎很难做到系统的管理和指导。

● 教育系统基本上实行中央集权，由此而遗留下来的是缺乏变革和主动性的限制。决策责任往往属于最高一级，管理仍以遵守规则为重点而不是创新。

（2）教育方式中存在的不足

● 知识和技能可以从教育中获得，但有效的行为方式很难获得。

● 教育关注知识和技能的学习，但缺乏对思维方式的训练。

● 缺乏对家长的指导，忽略家长协同教育的价值。

（3）对提升效能不利的社会经济因素

● 教育系统中的资源不足和不平等在基础服务水平低、经济发展水平较差和持续贫困的地区表现尤为突出。

● 经济发展的滞后在很大程度上抑制当地社会和人们的思维方式，从而加剧低效能现象的发生。

● 经济收入、医疗条件和健康状况对效能的影响直接而粗暴。

（4）环境

● 社会形态、传统文化、思想理念等对这一环境中的人和事，其影响是其他因素无法比拟的，对教育尤其如此。

● 对个体而言，不良的家庭氛围、教育方式、亲子关系等都可能造成低效的思维和行为方式。

（5）态度

● 教育是培养人的活动而非选拔人的行为，对教育的片面理解导致了很多"高分低能"的结果，不仅浪费教育资源，更加剧了教育的低效能。

（6）个体的低效

● 个体智力水平、知识储备和个性是进行任何活动的前提和必备条件，也是影响个体效能的主要因素。

● 个体的认知和态度在很大程度上影响其效能的发挥。

● 行为方式的不科学和不合理对个体效能有巨大阻碍作用。

（7）不充分和散乱的人力资源开发

● 各级工作人员的培训需要不能得到充分满足。基层教育系统的教师和管理者很少或根本没有机会接受新知识新方法的培训或进行能力建设。

● 目前的培训内容往往空洞陈旧，缺乏协调，不充分不平等，也不符合教育发展的需要。

3. 当前做法不适当

创新是素质教育对学生的重点要求，国务院颁布的全面推进素质教育的决定中也提出了这一点：

实施素质教育，就是全面贯彻党的教育方针，以提高国民素质为根本宗旨，以培养学生的创新精神和实践能力为重点，造就"有理想、有道德、有文化、有纪律"的德智体美等全面发展的社会主义事业建设者和接班人。

[《中共中央国务院关于深化教育改革全面推进素质教育的决定》（中发〔1999〕9号），第一项第一条]

当前教育的做法不仅不能很好满足时代对儿童和青少年创新要求的需要，甚至有些做法还对他们的身心健康带来不良影响。对于中国教育当前的做法和措施大多不适当或不正确的观点，已经成为共识。

针对这一状况，政府和教育部门也在积极寻求解决办法。但是即便制定了针对创新的各种效能更高的计划，这类计划也只是在主流教育之外的运作——特别计划、专门机构和专门教育人员。尽管用心良苦，结果却往往不容易得到接纳,使之成为边缘化的少数人的经历。

值得注意的是,这些想要改善教育低效能问题的做法到底能否有效扭转局面尚且不论,但其带来的负面影响却显而易见:一是"过度"的教育,使受教育者消耗更多的精力;二是"额外"的培训,将知识获得与思维训练割裂为两块阵地。创新的基础是高效思维方式和方法,这应该是儿童在接受义务教育的过程中同时获得的,而不是需要通过自主的额外训练才能获得的技能。

二、双赢教育

1. 双赢教育的定义

"双赢教育"是针对中国应试教育和素质教育的现实问题而提出的解决性理念。其宗旨是实现"素质和应试的双赢,家长和学生的双赢,学习和生活的双赢,心理和生理的双赢"。其中依据的理论有 3A 学习品质理论和 3M 家庭教育理论等。

中小学生作为教育工作的主要对象,就如何实现素质教育的理念和培养目标,同时又能适应和满足社会对学生的选拔和调控的要求,"双赢教育"为教育部门、工作者、学生的教育共同体提供了科学系统的教育理念和高效可操作的指导策略。

双赢教育重新定义、归纳了学生和教师的关系:以人性化教育为出发点,以教育共同体的发展为目标,而非职业的、组织的、机构的规定或要求。这个定义构建了学生和教师新的关系,是以价值体系为导向,摒弃了之前以绩效为主导的形式。教育者所在的组织、机构应充分考虑到学生的成长需求。

双赢教育为家长和教师提供了大量的可操作性的方案,能够更好地帮助家长(教师)指导孩子(学生),使孩子(学生)获得更有利于成长的素养和技能。

2. 双赢做法

（1）双赢做法——着眼于高效的教育做法

双赢教育作为一种教育理念,以"做有效能的教育"为宗旨,由赵雨林先生及其研究团队在 2005 年首次系统提出并倡导。双赢教育的目标是素质与应试的双赢,学生与师者的双赢,学习与生活的双赢,心理与生理的双赢。

人的成长是不断解决问题的过程,社会的发展也如此。解决问题是双赢教育提倡并贯彻的根策略,其目的是实现学生自主学习和创新思维的成长。根策略以 3A 学习品质理论为基础和出发点,其高效及实用性已获得上百万家长和学生实践的一致好评。

（2）双赢教育——一个发展问题

双赢教育提倡"让学习更容易,让爱更智慧"。教育不仅要为学生提供成长的必要养分,而且要为学生进入社会做充分的铺垫,使之进入社会、适应社会、改造社会。现代教育已经将对儿童的教育需求由单纯的获得知识转变为全面发展,这意味着儿童需要掌握更科学高效的学习智慧和具有创新意识的思维,同时希望教师和家长可以形成良好的同盟共同实施对儿童的教育。

双赢教育多年来致力于学习科学和家庭教育的研究,将家庭教育和学习统筹于教育发展中,着重培养学生自主思维的创新能力和指导家长科学有效的教养方式,强调学生的社会化,并为学生提供科学系统的学习指导。学习不仅是获得知识技能,更是学会学习的过程,这将是学生终身受益的能力。

教育仅从数量上去满足那种无止境的"知识和技能"需求,既不可能也不合适。因为,新世纪将为信息的流通、储存和传播带来前所未有的手段,教育的功能是:培养人具有适应变革的能力,使之在自己的一生中能够抓住和利用各种机会,去更新深化和进一步充实最初获得的知识。21世纪教育必须建立在四个支柱之上:学会求知,学会做事,学会共处,学会做人。

(德洛尔《学习:内在的财富》,1996 年)

社会发展存在很多不可避免的因素,其中由于历史的、人文的、经济的,以及地域的差异,导致了社会事实上的不平衡和不平等。教育实际上是帮助实现弥合这种不平等的重要力量,也正是通过教育来避免强化阶级差别,并可以积极改善阶层流动的困境。但是由于以上的原因,导致了教育资源分配的不合理。即使处在同一地区,特别是中国西部偏远地区,其基础教育资源、教育设施、教育水平也有很大差别。人们都趋向于寻求更好的教育资源,古有"孟母三迁",今有价高稀缺而人们趋之如鹜的"学区房"。因此,只有高品质的教育才能更好更有效地帮助到那些事实上处于环境不利的人们。

本文赞赏"双赢教育"这一新理念。其基本的原则包括:

——高效的教学优化策略

——高效的自主学习策略

——高效的家庭教育策略

——高效的教育管理策略

——高效的教育考核策略

正是在这种理念下,本文将双赢教育做法作为实现创新目标的一种战略来阐述。本文的宗旨是构建一个条理清晰的概念,以便为所有教育者提供一套先进的教育理念,帮助儿童和青少年掌握科学系统的自主学习策略和问题解决策略,从而达到教育的创新目标。

三、通过双赢教育做法实现创新

在我国,由于传统文化和做法的遗留影响,实行素质教育往往存在很大的困难。传统教育的做法被称为"应试教育",是脱离社会发展需要,以应付升学考试为目的的教育理念和教育方式。"应试教育"采取强制的做法,紧紧围绕考试和升学需要,考什么就教什么,实施局限的知识教学,大搞题海战术,不仅加重了学生的课业负担,也使学生的能力得不到全面的培养,甚至磨灭了学生的兴趣与个性。学校中的学生基本上是得不到个性化教育,学生被一个"标尺"统一要求和衡量,不能施展自己的才华和兴趣。

随着经济社会的发展,对教育提出了新要求,素质教育应运而生。令人欣喜的是,教育开始注重全面发展,不再一味追求成绩。然而,没有得到根本改变的人才选拔方式是制约素质教育发展的最大障碍。但是,现有的发展水平暂时无法改变这一现状,因此,如何在全面高效的发展和追求成绩之间寻求平衡,是目前教育的首要难题。

双赢教育提出素质教育和应试教育双赢的理念,是教育发展的一项重要举措。双赢教育以人性化为根本出发点,以高效为第一要义,强调学生的社会化,提供具有实操性的指导方案。本文将详细罗列教育发展中存在的障碍和实施中遇到问题的解决方案,并阐明双赢教育做出的努力。

1. 传统和国情是障碍?

科举制度是应试教育的前身,它始于隋唐,消亡于清朝末年,对半个世纪后的中国教育产生了巨大影响。20 世纪 50 年代末期,周恩来总理发表《关于教育改革问题》,拉开应试教育的序幕。中华人民共和国成立以来,应试教育经历了"文化大革命"等重大事件的影响,不断变革,发展至今。在改革开放以前,很少有学生抱怨应试教育,这是由于当时的竞争未有现今如此激烈,应试教育可以确保公平公正的竞争;改革开放后,随着素质教育的出现和竞争压力日益增大,应试教育也开始逐渐受到质疑并逐渐被素质教育所取代。但素质教育的发展也并非一帆风顺。

中国作为世界人口第一的大国,各个地区教育资源的配置水平参差不齐,贫困地区的教育资源落后而且稀少,发达地区却拥有先进的教育资源。素质教育能满足发达地区的公平竞争,选拔出优秀和有创造力的人才,但有时却忽略了贫困地区的教育发展,其本质是比拼教学资源,这是不公平的,最终结果只会是发达地区越来越发达,而贫困地区却越来越贫困。因此在教育资源分配不均的客观现实条件下,只有高品质的教育才能更有效地帮助那些处于不利条件下的人们。

在很多时候,教育的愿景是好的,但现实往往偏离初衷。通过考试选拔人才的机制不能从根本上得到改变,素质教育将很难发挥其应有的效果。在许多学生看来,保证考试成绩的前提下挤出作业时间去完成学校开展素质教育所要求的例如社会实践、手工实践、才艺兴趣等活动,不但没有达到减轻作业负担的初衷,反而增加了许多额外功课。这些问题都在不同程度上阻碍了教育改革,给素质教育的推进造成了很多困难。

2. 提高学习效能

学习品质——实行双赢教育的做法和可能性

提高学生的学习品质是双赢教育提出的一个核心概念,也是在素质教育的前提下实现高效和创新的重要举措。

美国作为最先提出"学习品质"概念的国家,对学习品质的研究一直比较突出。美国"国家教育目标委员会"(NEGP)认为学习品质是早期儿童学习与发展的研究新领域,它通常指向与学习有关的倾向、态度、习惯、风格、特质等,是儿童社会性、情绪、认知发展及其交互作用的核心,一般包括好奇与兴趣、主动性、坚持与注意、创造与发明、反思与解释等具体内容。

"学习品质是指能反映儿童自己以多种方式进行学习的倾向、态度、习惯、风格等。它不是指儿童所要获得的那些技能,而是儿童自己怎样使自己去获得各种各样的技能。"

(美国华盛顿州对学习品质的定义)

"学习品质是积极态度和良好行为倾向。"更具体地说,学习品质是指能反映儿童自己以多种方式进行学习的倾向、态度、习惯、风格等,它不是指儿童所要获得的那些知识和技能本身,而是指儿童自己怎样去获得各种知识技能。

(教育部《3—6 岁儿童学习与发展指南》,2012 年 10 月)

双赢教育认为提升学习品质是促进教育高效化的重要举措,也是培养学生创新思维的重要环节。我们将学习品质概括为三个方面,分别是学习行为、学习能力和学习态度,称为3A学习品质。

● 学习行为包括学习环节、学习秩序、学习方法、学习习惯、计划型学习和学习效能。

● 学习能力包括三个方面:智力水平、知识储备和个性。

● 学习态度包括学习认识、学习动机和学习情绪。

3A学习品质理论认为,学习行为是各因素综合作用的最终反应,学习效能的评价也只能通过行为的最后结果才能得到,因此,学习行为的好坏,高效与否,都直接影响学习效能。但是学习行为不只是简单的行为,它的每个环节和整体都受到学习态度和能力的影响,态度是行为发生的主观条件,能力是行为发生的核心要素。

因此,根据3A理论,我们可以得出以下结论:

3A定理一:当人不具备支持做这个事物的态度的时候,是做不好的;

推论一:当人对一件事物认识不足的时候,是做不好的;

推论二:当人对一件事情的实现没有列入规划的时候,是做不好的;

推论三:当人对一件事没有兴趣的时候,是做不好的;

推论四:当人因为想做的事情而带来情绪上痛苦的时候,是做不好的;

3A定理2:当人不具备做这个事情的基本条件的时候,是做不好的;

推论一:当人不具备支持做这个事情的基本智商的时候,是做不好的;

推论二:当人不具备支持做这个事情的足够知识与社会资源的时候,

是做不好的；

推论三：当人不具备支持做这个事情的个性品质的时候，是做不好的；

3A定理3：当人的行为没有按照事情完成的正确程序来进行的时候，是做不好的；

推论一：当所做事情缺乏其中的一个环节，是做不好的；

推论二：当所做事情的某个环节有缺陷的时候，是做不好的；

推论三：当所做事情的程序有错误的时候，是做不好的；

推论四：当人对所做事情的结果缺乏预见的时候，是做不好的；

推论五：当人对所做事情选择完成的程序不是最优的时候，是不会做得足够好的；

学习不是单独存在的行为，而是多个因素综合的结果，这些因素中的某一因素或若干因素，甚至某个细小环节发生改变都可能影响整个学习效能。在学习科学研究和实践中，我们往往只注重学习行为的改变，或者单独关注学习态度或能力，而割裂了三者的联系与相互影响。因此，要提升学习品质，必须从这三个方面出发，通过行为分析态度与能力，并分析行为的每个环节。只有这样，才能从根本上提升学习品质，从而改善学习效能。

教育发展至今，对学习的关注点依旧在学习成绩上，学校、教育机构、家庭以及学生都在绞尽脑汁地提高学习成绩，包括：请家教、上补习班、一对一辅导、做各种练习题，甚至花钱买所谓的习题"宝典"。这些提高成绩的措施不仅做法简单粗暴，而且都建立在经济基础上。很多家庭节衣缩食地支持孩子上补习班、买练习题，但更多的家庭只能望而却步。尤其是经济相对落后地区,教育资源匮乏,这些措施更是无从谈起。因此,落后地区通过学习改变命运的教育愿景也更加渺茫。但根据教育研究者们多年的研究,我们发现学生在学习中遇到的困难不是对知识的掌握困难,而是掌握知识的策略不清晰引发的学习困难。

双赢教育提倡高品质的学习,提倡在传授学生知识的同时,提供给学生系统科学的学习策略,帮助学生建立自主学习的机制。学生可以通过学习品质的考察,发现学习中的问题并自行解决。

3. 重视家庭教育

生命品质——双赢教育的工作起点和基础

提高生命品质是双赢教育的又一个核心概念,它是开展家庭教育的核心内容,也是全面开展素质教育的必然选择。

个体生命发展过程中,学校教育、家庭教育和社会教育都各自承担着不同的职责,它们相辅相成,缺一不可。在以往的教育中,学校教育是主导,家庭教育和社会教育的作用被大大的弱化。但随着社会的发展和人们认识水平的提升,家庭教育的重要性被越来越多的人所关注。各类政府工作报告中,家庭教育的重要性也屡次被提及。

家风是一种无言的教育,润物无声地影响孩子的心灵。家长们都希望孩子健康成长,但有的家长不知道怎么教育孩子,抓家风教育是一个很好的途径。今年春节期间,中央电视台播出的"家风"系列报道,引起社会广泛共鸣和好评。这个题目要继续做下去,通过征文、访谈等多种形式,往深里走一走,让每个家庭都做起来。

(全国未成年人思想道德建设工作电视电话会议,

2014年2月,中宣部部长刘奇葆的发言)

家庭是社会的基本细胞,是人生的第一所学校。不论时代发生多大变化,不论生活格局发生多大变化,我们都要重视家庭建设,注重家庭、注重家教、注重家风,紧密结合培育和弘扬社会主义核心价值观,发扬光大中华民族传统家庭美德,促进家庭和睦,促进亲人相亲相爱,促进下一代健康成长。

(2015 年中共中央、国务院春节团拜会,2015 年 2 月 17 日,
习近平总书记发表重要讲话)

近年来,国家愈发重视家庭教育,出台了一系列规划和意见指导家庭教育的发展。2015 年 10 月 16 日教育部颁布《教育部关于加强家庭教育工作的指导意见》(教基一〔2015〕10 号)。2016 年 11 月 16 日全国妇联等 9 部门印发《关于指导推进家庭教育的五年规划(2016—2020 年)》(妇字〔2016〕39 号)。

双赢教育对家庭教育的研究早在 20 世纪 90 年代就已经开始,并于 2008 年提出了 3M 家庭教育理论,即三道教育。该理论是由我国青年教育专家赵雨林及其研究团队所提出的。

三道教育,即为生之道,为人之道,为学之道。简称为"3M"。即:

●"为生之道"以生命健康为核心,由生理机能(健)、心理素质(乐)、安全认知(安)等三大方面组成;

●"为人之道"以生命价值为核心,由生命角色(本)、人格志趣(志)、处世修养(交)等三大方面组成;

●"为学之道"以生命智慧为核心,由思维品质(智)、文化素养(知)、实践效能(行)等三大方面组成。

生命品质包括生命健康、生命价值和生命智慧，是三道教育理论的核心和依据。

三道教育理论的提出，为未成年人的教育，即对其生命品质发展提供了具体的教育依据，不仅为学校教育的开展提供了明确的依据，也为家庭教育的开展提供了明确的目的和内容。

目前，家庭教育的开展和推广只限于经济发达地区，而经济相对落后的地区很难获得接触家庭教育知识和技能的机会。双赢教育提出的三道理论为各地开展家庭教育提供了便利，科学系统的理论框架和简单易操作的指导策略更有利于家庭教育的无障碍推广。

4.双赢式评估和评价办法

通过评估和评价促进双赢做法

目前，现有的教育评价主要包括知识技能考试和德行评价。知识技能的考试一般为基于知识的考试，但这种正规统一的考试带来的负面影响严重影响了教育效能的提升，如鼓励积累和回忆那些零散、没有背景的事实和技能；将学校和儿童分等分类；缩小知识内容的范围，而教师则将重点放在考试所要求的信息、形式和格式上。德行评价主要是教师对学生的评价，这与学生的在校表现有很大关系。但在校表现只是学生生活中的一个部分，不能代表其全部，此外，德行评价缺乏系统的考核标准，往往是教师的主观判断。因此德行评价很难做到全面、客观。

双赢教育的评估和评价体系要求采取灵活、全面的评估、考试和评价办法，将对儿童的评估同家长和家庭教育、学习教育联系在一起，形成全面、科学、系统的评估和评价系统。

■ 对学生的学习品质评估

以 3A 学习品质为基础,多方面考察学生的学习行为、学习能力和学习态度。不论是学习态度,还是学习能力,都会体现在学习行为上,也影响着行为的发生。如果只是单纯的改变学习行为或行为的某一环节,而不改善学习态度和提高学习能力,学习行为只会发生形式上的变化,而不会发生质的改变。具体采用双赢教育编制的《3A 学习品质测试量表》。

■ 对家长的教养方式评估

以 4R 家庭教育法则为基础,包括开展、实现、评估和自省。家长的教养方式对儿童早期发展具有重要的影响,通过家庭教育四法的评估,客观评价家长的教养方式,为家长提供实操性的指导。

■ 对儿童的家庭教育水平评估

以 3M 家庭教育理论为基础,包括为生之道、为人之道、为学之道。通过对生理保健、心理健康、安全舒适、生命角色、人格人生、处事修养、学习品质、综合素养、自主专长这 9 个方面的评价,来评估家庭教育水平。

5. 双赢教育成果

■ 理论类

● 3A 学习品质理论,该理论认为学生的学习效能主要受学习品质的影响,包括学习态度、学习能力、学习行为。

● 3M 家庭教育原理,该理论认为家庭教育对生命品质的影响包括生命健康、生命价值和生命智慧 3 个方面。

● 4R 实现法则,该理论是家长在教育孩子实现生命品质的过程中须要遵循的 4 大法则,分别是开展法则、实现法则、评估法则、自省法则。

四、应采取的一些步骤

对于目前教学法、课程、教育的组织等因素,双赢教育不将它们列入教育议程,而是对家庭教育和学校教育没有成功地为所有学生提供教育高效的原因进行分析。它将对教育高效的了解全部纳入一个统一框架内,以建立更符合创新要求的教育理念。双赢教育所做的是查找现有资源和建立创新思维,完善现有教育的弱项,重点是提高教育效能,实现教育创新。

1.提高学校教育的效能

教育过程中有些问题值得深入考虑,以推进科学、高效的双赢做法。以下观点的提出是以双赢教育多年来致力于家庭教育和学习科学研究与探索的研究基础和工作经验为依据的。

■ 推进双赢做法有利于提升教育的系统效能。

双赢教育提倡在教育过程中培养学生的自主学习能力和创新思维方式,这是一个充分体现教育效能水平的过程。

双赢教育强调学习过程的科学系统性,不单纯以成绩区分效能高低。通过行为、能力和态度3个方面的改善,使学习过程的各环节、各步骤协调合理,从而提高学习效能。

■ 优化教学/学习过程。

现有的教学、学习过程常常缺乏灵活性,不能适应不同学生群体的不同能力和兴趣。在很多学校,教学和学习大多以机械学习、紧跟课本和照抄照搬为主。这往往会导致能力强的学生得不到拔高,而能力差的学生得不到帮助。

● 优化教育教学。全面推进新课改精神,切实践行"教师应当组织引导学生展开学习活动"的教育思想。同学校的教师开展合作,为学校提供系统的教育教学效能提升的工作培训和指导。通过优化组织人事、提升管理效能、优化教学教法，从而提升教育效能。

● 关注教师成长。教育工作者能否做好教育的前提不在于对学科知识的掌握，而是更多在于课程知识、教育理念、教学法、职业素养等方面的积淀。双赢教育为教师的成长提供了一系列课程，重点提升教师多方面素养和内涵。

■ 增强学校领导能力。

学校领导作为学校工作开展方案的制定者和带头执行者，其领导能力是决定学校是否可以高效运转的核心因素。领导能力包括 5 个方面：技能领导能力、人力领导能力、教育领导能力、象征领导能力和文化领导能力。通过双赢的实践，对校长的领导能力起着必然的提升和影响。

● 技能领导能力。高效领导通过完善的操作管理与组织体系，展示其优化学校财务、人力、设备资源的能力，进而对学校的愿景和目标做出贡献。

● 人力领导能力。高效的领导表现出培养安全安定、目的明确、兼收并蓄学习环境的能力，同时他们也有能力和教职员工、学生、家长和其他利益相关人，建立起建设性和互相尊重的关系。

● 教育领导能力。通过对学习过程和课堂教与学质量的批判性理解，高效的领导表现出领导、管理、监督学校改进过程的能力。

● 象征领导能力。高效的领导展示出在重要的道德和行为上，他们具备成为学校和社区典范的能力，包括在学校内和系统中所有级别中，致力于创建和维护高效专业学习社区。

● 文化领导能力。高效的领导表现出对高效学校特点的理解，表现出带领学校社区朝着未来某一目标前进的能力；其基础是通过对利益相关人做出的承诺和调整,实现学生潜能的共同意志和价值观。

■ 提升学生学习品质。

学校普遍存在学生学习策略不当的问题,为此导致学习效能低下,成绩不理想。当前依靠补习和做题的措施不仅无效而且在经济落后地区难以实现。双赢教育原创的提高中小学生学习成绩和综合素养的"3A双赢训练"通过改善学习策略,帮助学生全面提升学习效能。

■ 家长的积极协同。

通常的做法是家校共育机制,如果家长将对成绩的关注转移到对学习过程和学习品质的关注,会帮助儿童树立科学有效的学习策略,从而使教育效能提高的可能性增加。

■ 生活品质和学习环境的重要性。

生活品质是对生活中的各种行为和表现的一种总结性评价。它不仅体现在行为习惯上,也很鲜明地体现出本人的意识和思想。不会生活的人,就不可能会学习;而不会学习的人,也无法真正地生活。

此外,学校的物理环境,如教室的隔音设计、水电供应和辅助设施的配备情况,都可能对学生的学习参与性和专注度产生影响。

2.发挥家庭教育的作用

家庭是孩子的第一个课堂,父母是孩子的第一任老师。家庭教育开展的如何,关系到孩子的终身发展,关系到千家万户的切身利益,关系到国家和民族的未来。

家长应全面学习家庭教育知识,系统掌握家庭教育科学理念和方法,增强家庭教育本领,用正确思想、正确方法、正确行动教育引导孩子;不断更新家庭教育观念,坚持立德树人导向,以端正的育儿观、成才观、成人观引导孩子逐渐形成正确的世界观、人生观、价值观；不断提高自身素质，重视以身作则和言传身教，要时时处处给孩子做榜样，以自身健康的思想、良好的品行影响和帮助孩子养成好思想、好品格、好习惯；努力拓展家庭教育空间，不断创造家庭教育机会，积极主动与学校沟通孩子情况，支持孩子参加适合的社会实践，推动家庭教育和学校教育、社会教育有机融合。

三道教育理论的提出为家庭教育的开展提供了明确的目标和内容，使家长可以科学有序、清晰条理地按照三道的内容和标准来对孩子开展相关的教育活动。三道教育理论的提出，不仅为家庭教育缺乏可操作性标准的现状提供了良好的解决依据，也为家庭教育理论提供了全面系统的学术基础和框架。

3.发挥社会(校外)教育的作用

针对目前学校教育无法为家长提供科学合理的指导策略，许多深陷于家庭教育痛苦中的家长，既无计可施，又无门可投，也无人可询。因此需要发挥校外教育的补充作用，引进家庭教育顾问，并在社区开设家庭俱乐部，通过社会教育的力量发展家庭教育。

■ 引进家庭教育顾问机制。

家庭教育顾问是新时期学习策略和家庭教育的规划师。家庭教育顾问能做的事情有很多：

● 利用专业知识指导学生学习。双赢教育的核心是做有效能的教育。这包括，化解应试教育和素质教育的缺憾，弥合家长和学生的对立，提升学生的学习品质，帮助学生健康成长，辅助提升教育效能。

● 指导家长进行高效的家庭教育。在欧美等发达国家，每300人就拥有一名家庭教育顾问,随着中国家庭集中爆发的现代教育征,越来越多的家庭将需要更专业、人性和及时的家庭教育指导,家庭教育顾问是每个中国家庭都需要的专家。

● 专业家庭教育顾问需要掌握:

家庭教育顾问规划:家庭教育顾问发展现状、家庭教育顾问职业标准、家庭教育顾问实践分析。

家庭教育基本原理:家庭教育行业展望、家庭教育基本原理、家庭教育常识策略。

家庭教育顾问技术:家庭教育顾问咨询流程、学习品质测评及诊断、家庭教育测评及诊断。

家庭教育顾问实操:人际交流模型及标准、教育咨询技巧与重点、教育咨询常见的问题。

■ 让社区参与。

社区作为基层组织,是家长教育的直接开展者和家庭教育的直接指导者。双赢教育在全国范围内大力推动中国式家庭俱乐部社区化的工作,其服务内容包括:公益活动、咨询指导和教育服务。

● 中国式家庭俱乐部 通过在当地培养并组织一批以教育部认证的专业家庭教育顾问和志愿者为主力的队伍开展服务。建立以地方政府牵头,地区家庭教育服务中心和地区内家庭俱乐部协同开展工作的组织管理机制,并在互联网技术的配合下,实现家庭教育服务社会化和个性化结合、互联网和俱乐部结合的模式。一方面切实满足政府、大众对家庭教育服务的渴求,一方面做好各地家庭教育工作的开展和复制。

4.扩展高等教育专业设置

高等教育是在完成中等教育的基础上进行的专业教育,是培养高级专门人才的社会活动。高等教育的专业设置主要体现3种价值取向,分别是以社会为本位、以学科为本位和以人为本位的价值取向。随着社会经济的发展,为适应新形势对人才培养的要求,中国高等教育的专业设置由"学科本位"为主逐渐转变为"社会本位"为主。高等教育机构作为人才培养的摇篮,有义务也有能力承担起政府关于家庭教育的发展任务。

■ 加强家庭教育学科化建设。

推动高校在相关专业开设家庭教育课程,有条件的高校设置家庭教育专业。对家庭教育指导者的从业资质和认证培训设立标准并进行统一管理,建立一支高素质、专兼职相结合的家庭教育指导队伍。

■ 培养专业人才队伍。

发展家庭教育,必须从根本上保证家庭教育工作的科学性、系统性和可持续性,其中人才队伍的培养是关键。建立一支高素质的家庭教育人才队伍,普及科学的家庭教育理念和先进、实用的家庭教育方法,是提高我国家庭教育的工作水平的根本举措。

5. 吸纳双赢教育的做法

吸纳双赢教育的做法不仅仅是技术或方式上的变化,更是朝着明确的宏观方向迈进。各教育机构必须制定一套双赢原则和若干更可行的办法,以通过这些原则来指导进程。对于前文所属的双赢原则,应根据各地区的具体情况来解释。

在教育发达的东部地区,重点是提升个人的学习效能和教育的整体效能,以高效能实现教育创新。而在教育落后地区,重点则是通过提供更高效的教育,使教育发挥更有效的帮扶作用。

6. 将双赢教育与更长远的教育发展相联系

随着经济、社会的发展,教育的功能已不再是单一的传授知识,创新是社会发展对教育的新要求,也是对教育本身的一种提升。社会的发展推动教育的变革,这是教育发展必须经历的阵痛。创新和高效是时代对人全面发展的新要求,这将促使教育实现质的飞跃。

尽管中国政府制定了详细的创新发展计划,但一直以来固有的教育教学模式和尚未根本性改变的人才选拔机制,使得实现素质教育的目标任重道远。除国家一级的努力外,各地中小学校和其他教育机构以及教育研究者,也一直在为实现这一目标而努力。

教育只有做到更好地激发人的成长,才能更有效地发挥作用,并促进教育本身的长远发展。双赢教育的做法不仅与当前教育模式不存在冲突或抵触,反而与之相辅相成,互相促进。双赢教育提出的人性化、高效化、社会化和实操性的教育理念,充分尊重学生的成长需要,是对教育发展要求的进一步诠释。

五、结论:双赢教育与素质教育

双赢教育的核心阐释是素质教育和应试教育的双赢,要求以人性化为根本出发点,以高效为第一要义,强调学生的社会化,提供具有实操性的指导方案。

“应试教育”是对“现行教育”这一现实中存在的若干问题、弊端的概括与抽象。“应试教育”表现为知识教育,方法是灌输式的,最极端的表现就是“上面考什么,下面学什么。”各界虽对“应试教育”声讨笔伐,但也无法回避考试在教育中的意义和功能,对考试的关注有增无减。“素质教育”的提出则可以理解为是对“现行教育”这一现实中存在的若干问题、弊端的应对措施。素质教育以提高人的全面素质为根本宗旨,方法是启发诱导的。

中国教育部(2017)提出的中国学生核心素养是对素质教育的宗旨进一步阐释。双赢教育的三道理论则更加系统科学地诠释了核心素养，同时具有可操作性，提供具体指导策略。双赢教育有效缓解了素质教育与应试教育的对立，同时为素质教育核心价值观的践行提供科学有效的指导策略。

1. 教科文组织的对策

国际教育委员会1996年向联合国教科文组织提交了《学习——内在财富》的报告，在肯定了"教育在人和社会的持续发展中起着重要作用"的前提下，概述了新时期教育所面临的挑战。

面对未来社会的发展，教育要与其使命相适应，就必须围绕以下四种基本学习能力进行重新组织和安排，它们是：学会求知、学会做事、学会共处、学会生存。报告认为，21世纪教育必须建立在4个支柱之上：

■ 学会求知

学会求知是为了掌握认知的手段，而不是为了学习系统文化知识。它既是一种手段，又是一种人生目的。作为手段，学会求知就是使每个人学会了解周围的世界，使其能够有尊严地生活与发展自己的专业能力和交往能力；作为目的，学会求知的基础是乐于理解、认识和发现。途径是将掌握足够广泛的普通知识与深入研究少数学科结合起来。学会学习，以便从终身教育提供的种种机会中受益。

■ 学会做事

学会做事从具体形式看主要是掌握职业技能。但是从广义和深层意义上讲，其目的在于培养创造能力和较强的适应性。现代社会的专业资格概念将逐渐被个人能力的概念所取代,通过学会做事,不仅获得专业资格,而且获得应付复杂情况和集体生活的能力。我们的学生要在各种社会经历或工作经历范围内学会做事。

■ 学会共处

学会共处要求教育有助于扩大对其他人或文化或精神价值的认识。学会共处首先要学会发现他人。因为教育的使命之一就是教会学生懂得人类的多样性、相似性和相互依存性。首先是认识自己,只有在认识自己的时候才能真正地去理解他人的反应;其次是为实现共同的目标地而努力,这是在具体的共同活动中人们彼此增进了解、避免或解决潜在冲突的一种有效方法。学习的途径是本着尊重多元性、相互了解及和平等价值观的精神,在开展共同项目和学习管理的冲突的过程中,增进对他人的了解和对相互依存问题的认识中。

■ 学会生存

学会生存要求每个人形成一种独立自主的、富有批判精神的思想意识以及培养自己的判断能力,以便由学习者自己确定在人生的各种不同的情况下应该做的事情。学会生存还应发展自己的人格和潜力,并学会通过不断增强的自主性、判断力和个人责任感来行动。

在上述的4个支柱中,学会共同生活是人类教育的共同目标,其他3个支柱构成了实现学会共同生活的基础。由此可见,该报告的核心思想便是通过未来教育的4个支柱来建构终身教育,来建构未来的文化和未来的社会生活,最终解决社会问题对人类所构成的挑战。

2. 中国政府的对策

2016年9月,北京师范大学发布了《中国学生核心素养》总体框架。

学生发展核心素养,主要指学生应具备的,能够适应终身发展和社会发展需要的必备品格和关键能力。

中国学生发展核心素养,以科学性、时代性和民族性为基本原则,以培养"全面发展的人"为核心,分为文化基础、自主发展、社会参与3个方面。综合表现为人文底蕴、科学精神、学会学习、健康生活、责任担当、实践创新6大素养,具体细化为国家认同等18个基本要点。根据这一总体框架,可针对学生年龄特点进一步提出各学段学生的具体表现要求。

■ 文化基础——人文底蕴

(1)人文积淀

(2)人文情怀

(3)审美情趣

■ 文化基础——科学精神

(1)理性思维

(2)批判质疑

(3)勇于探究

■ 自主发展——学会学习

(1)乐学善学

(2)勤于反思

(3)信息意识

■ 自主发展——健康生活

(1)珍爱生命

(2)健全人格

(3)自我管理

■ 社会参与——责任担当

（1）社会责任

（2）国家认同

（3）国际理解

■ 社会参与——实践创新

（1）劳动意识

（2）问题解决

（3）技术运用

2. 术语与定义

● 3A 学习品质 Study Quality

学习品质包括学习态度（study attitude）、学习能力（study ability）、学习行为（study activity）。

● 3M 家庭教育 Family Education

家庭教育与学校教育、社会教育共同组成教育的整体，家庭教育包括为生之道——生命健康、为人之道——生命价值、为学之道——生命智慧。

● 4R 家庭教育策略 Family Education Strategies

家庭教育的策略包括开展法则、实现法则、评估法则和自省法则。

● 家庭教育普遍服务 Universal Family Education Service

按照国家规定的业务范围、服务标准，以合理的资费标准，为中华人民共和国境内所有用户持续提供的家庭教育服务。

● 家庭俱乐部（指导站）Family Club

得到上级主管授权和政府支持的家庭教育组织。

● 公益宣讲 Public Propaganda

以公开形式宣传家庭教育理念、方法等的公益性服务活动,形式包括不仅限于讲座、座谈、沙龙等,方式可以为线上或线下。

● 咨询指导 Consultation and Guidance

为家庭及成员提供的个别的咨询指导。包括不仅限于教育咨询、学习咨询、心理咨询、婚恋咨询、生涯规划、家庭规划等内容。

● 教育服务 Educational Service

为家庭及成员提供的教育服务。包括不仅限于会员服务、主题特训、教育监理等内容。

注:参考资料和推荐书目

1.国际21世纪教育委员会先联合国教科文组织提交的报告[R].学习——内在的财富.联合国教科文组织,1998.

2.赵雨林.中小学生学习完全提高指南[M].清华大学出版社,2005.

3.赵雨林.学会跟孩子说话[M].清华大学出版社,2007.

4.赵雨林.超级学霸[M].清华大学出版书,2016.

5.赵雨林.让爱更智慧[M].清华大学出版书,2017.

6.教育部基础教育司《幼儿园教育指导纲要(试行)》解读[M].江苏教育出版社.

7.澳大利亚维多利亚州教育部.学校领导的发展学习框架[C].维多利亚州教育与幼儿发展部公立学校教育办公室出版,2007.

8.叶上熊.素质教育的重点:培养创新精神和实践能力[J].中国教育学刊,2000(4).

9.马君艳.美国各州早期学习标准中"学习品质"领域的内容分析及启示[D].硕士学位论文.浙江师范大学.2015

本节选自赵雨林《通过双赢教育做法实现创新·概念文件》。

后　记

在我年轻的时候,从来都没有想到教育会成为我人生特别的风景。

1965 年大学毕业后,作为优秀毕业生没有去研究所,而是被部队挑走,转业后到地方先开始做过一段人事干部,再后来走上军工厂的科研岗位。一度以为自己会就是一名从事科技的自然科学工作者,后来却因为种种机缘调到山西省社会科学院。所以,我职业生涯的最后身份是专注教育的社会科学工作者。应该说,在我身上出现的各种反差还是比较多的! 回顾我所从事过的工作,经历了很多不同的岗位,不敢说是成绩斐然,但每个岗位都还算是小有所成。我想这更多是得益于大学读的专业是数学,让我获得严谨的逻辑思维和执着的学术精神,经常一夜一夜地趴在家里的地上做图纸,那时条件的艰苦不是今天的人们能想象到,但是,依然以最大的热情投入到研究工作中。在 20 世纪 80 年代对著名的反坦克导弹"红箭 73"燃料配方进行优化研究,获得过国防科工委的发明奖。同期为军工厂实现目标管理而做出运筹软件模型。为此,山西大学刘开瑛教授曾经一度希望调我到计算机系代课,但最后调到山西省社科院思维所。现在想起来之所以走上教育研究的道路,或许是冥冥中的安排吧。

作为革命军人的后代,个性坦诚刚直,圆滑不足,不讨世俗之喜;作为一名"文革"前的大学生,身上多了一份知识分子的傲骨和自尊,难与泥沙同流。有句话很体现我的想法,即:是非审之于己,毁誉听之于人,得失安之于数。在我知命之年,发现更有意思的事情是做学术研究,最有价值的领域是教育。做教育研究和实践给我最大的幸福感就是真实。不需要拿着剪刀和糨糊去写一堆无用的废话,更不需要违心地说你根本不相信的话。在20年前办了提前退休后,就一直专注于教育的思考和探索。

为什么会走上教育的研究之路? 更重要的原因是社会的变迁。20世纪"恢复高考"是震动社会上下的重大事件,国家对人才有着急迫的需要。于是,如何早出人才快出人才是社会普遍关注的重点。我对教育尤其是超常教育有特别的感觉,抱着这样的初衷开始了我的教育之旅。

在那个时候,这是非常大胆的选择,作为已经小有成就的中年科研人员,完全可以继续在既定的轨道上做高工、总工等,但我还是选择了教育研究这条陌生的道路。我不仅认为专业不对口不是屏障,相反,凭借我在数学领域的专长,这反而是我的研究优势。我可以对成功与失败的教育案例进行总结分析,再通过系统建模,变量比较,优化算法等策略,最后形成一套可以被参考的教育方案。

于是,就如皮亚杰、陈鹤琴等教育家的经历一样,教育从日常的生活内容变成了我的研究对象,我翻阅自学了大量的教育学、心理学书籍,做了许多不同的尝试和努力。随着我对教育有了更多的接触和理解,更幸运的是,也做出了许多被别人称之为奇迹的实践。比如我给弟弟做了半年的辅导,从一名初中生考上了大学,让我发现人的可塑性原来是那么强;让自己的儿子连续两次跳级后学习依然很轻松,让我知道人的潜能是可观的。而且又帮助一些朋友的孩子顺利地提高成绩,考上了意料之外的大学。然后,就有许多家长带着孩子慕名找我指导。随着过手的案例增多,我发现:按照孩子身心发展规律去安排学习,是不会有差生的。家长的教育是影响孩子成长结果的重要因素。儿童阶段是孩子身心发展的黄金期,也是家庭教育的黄金期。如果家长没能做好家长的任务,以后需要花成倍的代价弥补,但结果是好是坏还是未知。

由于时代的不同,今天已不大容易复制我曾经的成功。但是,所有人都会遇到的教育和被教育,其中的问题和困惑也都是一样的,解决的策略和规律也是有据可依的。为了帮助更多的家长避免误陷迷途,我就有了专门给小学生家长写一本书的想法。不过,令我始料不及的是,从有了成书的动念,再到最后的完成,却用了10年之久。作为理科背景的我,更习惯自然科学类论文的写法,所以对自己写社科类文章的笔头子没有太大的自信。毕竟,文章千古事。所以,开始只是有一个有想法,还没有那么迫切的意愿着急成书。只是兴致来的时候起来,做做随笔而已。随着年岁渐高,这10年来陆续减少了直接指导学生的数量。可是,当我看着那么多家长还在焦虑中挣扎,那些本该快乐的孩子还再受苦。我觉得一定要把这本书写出。

好在有许多朋友的帮助,终于可以付梓成书。感谢所有付出心血的朋友和亲人,这里面有最早为我不辞辛劳录稿的张艳霞记者,有为文章做插图的王鼎画家,有为此书出版而费心的出版社编辑,当然,还有为我书稿润色的儿子。

　　现在的我已近耄耋之年，最大的感受就是：国家要强盛，教育是根本。是教育，让人们摆脱愚昧的桎梏，有了更强大的力量，为己能衣食无忧，为己可以富民强国；也是教育，能让人们获得文明的滋养，有了更高级的精神，为己能独善其身，为己可以笑看人生！

赵绥儒

2018 年 10 月